改訂新版

हिंदी प्रवेशिका

書いて覚える
ヒンディー語の文字

町田和彦 著

白水社

【ダウンロード音声について】

00 で示された箇所の音声は、白水社のウェブサイトからダウンロードして聞くことが出来ます。下記のURLかQRコードからアクセスしてください。

URL　www.hakusuisha.co.jp/news/hindi-moji
ユーザ名　hakusuisha
パスワード　8960

執筆協力 川路さつき
イラスト 武田尋善
音声ナレーション サンジャエ・ポープリー、プラギャー・パールミター
装丁・組版 株式会社アイ・ビーンズ

まえがき

この本は、同名の旧著（初版1999年）を改訂したものです。

初版から数えて約四半世紀の時間が経過し、ヒンディー語やデーヴァナーガリー文字を取り巻く環境もずいぶん変わりました。インド人が自負する「世界最大の民主主義国家」の証の一つである多言語国家インドの根幹は変わりませんが、インド全体の公用語としてヒンディー語の実質的な広がりと浸透は確実に進んでいます。現在母語として、第２言語あるいは第３言語として、日々ヒンディー語を使う人の人口はインドの人口の半分をはるかに超えていると言われています。また世界の国別人口から見ればインドは、文字通り、世界最大になるとの報道も最近は耳に入ってきます。

以前は特殊だったデーヴァナーガリー文字も、この四半世紀の間に、印刷ばかりかパソコンやスマートフォンなどでの表示すら当たり前にできるようになりました。この背景には、IT技術の進歩以外に、世界で使われる各種文字フォントの国際的なデジタル規格が確立したことが挙げられます。この本も、著者・編集者・組版担当者との間の原稿のやり取りを含めて、技術的に旧著とは全く違う方法で作られました。著者にとっては改訂作業が楽になったところもある一方、かつての活版全盛時代のフォントが整理・統一されたことで一部の字形が廃（すた）れ内容を書き改めた箇所もあります。

内容的には、旧版の内容に対し最小限の変更にとどめました。それでも説明の仕方やレイアウトなどには大分手を入れ、旧版よりわかりやすくなったのではないかと思います。旧版からの日本語とヒンディー語の文字起こし、修正された新版の内容のチェックなど骨の折れる作業を、協力者として、川路さつきさんが担当してくれました。白水社編集部の堀田真さんには、この新版が作られるすべてのプロセスでお世話になりました。もちろん、本書にもし誤りがあれば、すべてその責任は著者のものです。

インドの紙幣のデータは東京外国語大学名誉教授の高島淳さんが提供してくれました。付録の「手書きの文字」のイラストは、旧版同様、岡口典雄さんのものを使わせていただきました。感謝申し上げます。

2023年1月

著者

目次

第5課

第6課

第7課

第8課

第9課

第10課

第11課

第12課

第13課

第14課

第15課

付録

デーヴァナーガリー文字について

デーヴァナーガリー文字は、南アジア・東南アジアで広く使われているインド系文字の一つです。この文字はヒンディー語以外にも、マラーティー語やネパール語など南アジアの現代諸語やサンスクリット語などの古典語の表記にも使用されます。文字は、ラテン（ローマ）字のように、左から右に向かって書かれます。また現代ヒンディー語では、単語ごとに切れ目（スペース）を入れて分かち書きをします。

デーヴァナーガリー文字の名称の起源には諸説があり、確かなことは不明です。遅くとも11世紀にはほぼ現在とあまり変わらない文字の形となり、当初はナーガリー文字（「都の文字」の意）と呼ばれていたようです。北インドのヒンドゥー教徒を中心に広範囲に広まる過程で、「神」という意味のデーヴァが付加されたと言われています。現在でも、短くナーガリー文字と呼ぶ人がいます。

現在使用されている様々なインド系文字（南アジアのデーヴァナーガリー文字、ベンガル文字、タミル文字など、東南アジアのタイ文字、クメール文字、ビルマ文字など）は、見た目は字形が異なっていますが、文字の配列や音節文字の構造（子音字＋母音記号）などは基本的に同じです。アジアを使用文字の文化圏で大きく区分すると、東から西に向かって、漢字文化圏、インド系文字文化圏、アラビア文字文化圏と言えるでしょう。また、日本語の五十音図や朝鮮語のハングルなどの成立にもインド系文字の影響がみられます。

インド系文字の祖先をさかのぼっていくと、すべての文字は紀元前３世紀の中頃にマウリヤ王朝のアショーカ王がインド亜大陸の各地に刻ませた碑文の文字（ブラーフミー文字）にたどりつきます。ブラーフミー文字がどのような過程を経て成立したかについては謎が多いのですが、当時のインドの言語（プラークリット諸語）を書き表すためによく工夫されています。

古い歴史をもつインド系文字ですが、漢字やアラビア文字のような書道芸術はほとんど発達しませんでした。この理由の一つは、古代インドにおける知識と文字との関係が他の地域とは大分異なっていたことにあります。古代インドの宗教・学問・文学などに関する膨大な伝統知識の継承は、文字による記録ではなく、正確な発音に基づいた厳格な口伝と記憶に支えられていました。文字の使用は主に、特筆すべき出来事を刻んだ碑文や、商活動の記録など実用の分野に限られていたようです。他の文字文化圏で発達・発展した文字文化、たとえば規範性を意識した字形を統一する動き、あるいは文字そのものを人間の精神と連関させたり美の対象とするなどの形而（けいじ）上的な見方はほとんどなかったようです。現在、南アジア・東南アジアで多種多様なインド系文字の末裔（まつえい）が繁栄しているのは、皮肉なことに、この文字の一族が最初からもっていた規範性の希薄さ故かもしれません。

ヒンディー語は、言語の系統から見ると、インド・ヨーロッパ語族のインド語派に属します。したがって、ゲルマン語派の英語やドイツ語、ロマンス語派のフランス語やスペイン語、スラブ語派のロシア語やチェコ語などの遠い親戚にあたります。もっとも近い関係にあるのはペルシヤ語などが属するイラン語派で、まとめてインド・イラン語派と言うこともあります。しかし近いと言っても、インド語派とイラン語派が歴史的に分岐しはじめて、すでに4千年以上を経ていると考えられています。

ヒンディー語は、インドの有力な公用語の一つであると同時に、独立後に制定された憲法では連邦レベルの唯一の公用語と規定されています。2023年現在、14億人を超す世界最大のインドの人口のうち、7億人以上がヒンディー語を母語あるいは第2言語として使用していると考えられます。この数は、中国語、英語に次ぐ数です。またインドの隣国パキスタンの国語ウルドゥー語は、使用文字こそアラビア・ペルシャ文字と違いますが、日常会話では同じ言語と言ってさしつかえないほどです。

デーヴァナーガリー文字は、ヒンディー語特有の音声を表記するのに適した表音文字です。これは、もともとインド系文字がインド語派の言語を表記するために考案され発達した文字だからです。ヒンディー語は古い時代のインド語派の音の体系を比較的よく保存していますが、長い時間を経たために、つづりと発音との間にずれが生じています。

本書では、最初に各文字の配列とその発音を説明し、その後に注意しなければいけないつづりと発音の規則を説明しています。各文字（母音文字と子音文字）には、便宜的に通し番号を付けてあります。この通し番号は、伝統的な文字の配列（辞書の見出し語の配列）にしたがっています。

デーヴァナーガリー文字の発音を｛　｝の中に、カナとローマ字転写記号で表記しています。デーヴァナーガリー文字の発音をカナで正確に表記することは無理ですが、ヒンディー語の音に少しでも親しみをもってもらうための試みです。なおヒンディー語には、英語のような強弱アクセントや、中国語のような高低アクセントはありません。

ローマ字転写記号は、インドの古典語の表記に慣習的に使われているものとほぼ同じです。サンスクリット語などを学んだ人やこれから学ぶ人には役立つでしょう。ただし有気音の表記は、｛kh, gh｝などでなく、｛k^h, g^h｝のようにしています。デーヴァナーガリー文字に完全に対応している表記なので、文字に不慣れなうちは発音の手がかりにもなると思います。さらに、ヒンディー語独特のつづりと発音のずれも理解できるように本書独自の工夫をこらしてあります。なお、母語話者によるダウンロード音声がありますので、ぜひ利用してください

文字の説明のために、本書ではインドの伝統的な用語をいくつか使用しています。そのカタカナ表記は、ヒンディー語風の読みではなく、つづり通りに発音するサンスクリット語風の読みに準じています。

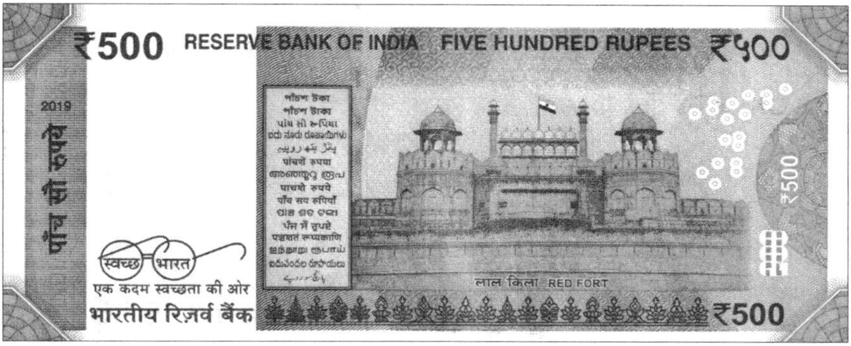

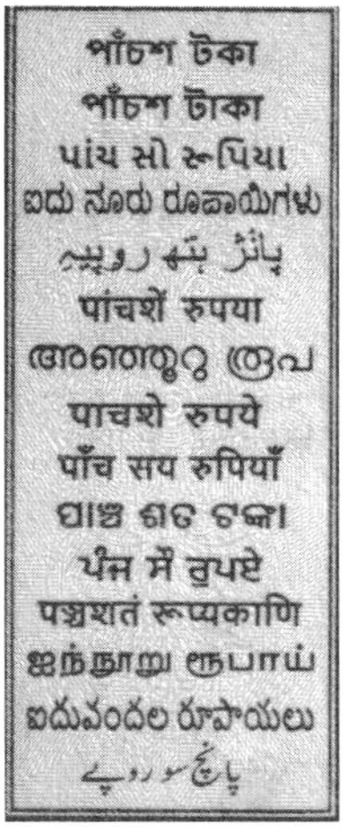

ここに示したのはインドの2023年現在の500ルピー紙幣の一部です。お札の表の向かって左には（90度傾けて）インド数字で、右には算用数字（いわゆるアラビア数字）で「500ルピー」と印刷されています。₹は21世紀になって導入されたルピーの通貨記号です。

お札の裏にはヒンディー語を除くインドの主要な15言語で、「500ルピー」とそれぞれの文字で印刷されています。左はその部分を拡大したものです。上から英語表記のアルファベット順に、アッサム語（Assamese）。ベンガル語（Bengali）、グジャラーティー語（Gujarati）、カンナダ語（Kannada）。カシミール語（Kashmiri）、コンカニ語（Konkani）、マラーヤラム語（Malayalam）、マラーティー語（Marathi）、ネパール語（Nepali）、オリヤー語（Odiya）、パンジャービー語（Punjabi）、サンスクリット語（Sanskrit）、タミル語（Tamil）、テルグ語（Telugu）、ウルドゥー語（Urdu）となっています。

上のカシミール語とウルドゥー語を除く言語は、ヒンディー語と同じ系統のインド系文字で表記されます。関心のある方は『華麗なるインド系文字』（白水社）をお読みください。

第1課

आइए	アーイエー	いらっしゃい
आओ	アーオー	おいで

1. 母音字の配列

v01	v02	v03	v04	v05	v06
अ ア a	आ アー ā	इ イ i	ई イー ī	उ ウ u	ऊ ウー ū
v07	**v08**	**v09**	**v10**	**v11**	**v12**
ऋ リ r̥	ॠ リー r̥̄	ए エー e	ऐ アェー ai	ओ オー o	औ アォー au

デーヴァナーガリー文字の伝統的な配列（辞書の配列順）は、最初に母音字、そして子音字と続きます。本書では説明の便宜のために、12個の母音（vowel）を表す母音字に通し番号（v01 ～ v12）を付けました。

母音字 ऋ {r̥}（v07）と ॠ {r̥̄}（v08）の発音は、母音ではありませんが、伝統的に母音字として扱われています。ヒンディー語では ऋ（v07）を含む単語はサンスクリット語からの借用語に限られます。ॠ（v08）を含む単語は全くなく、実用的には無視できます。

次の表は、各母音字の特徴をよくつかむために、奇数番目の母音字を上段、偶数番目の母音字を下段に配置したものです。

v01	v03	v05	v07	v09	v11
अ ア a	इ イ i	उ ウ u	ऋ リ ṛ	ए エー e	ओ オー o
v02	**v04**	**v06**	**v08**	**v10**	**v12**
आ アー ā	ई イー ī	ऊ ウー ū	ॠ リー ṝ	ऐ アェー ai	औ アォー au

上段の文字は、ほぼ「アイウエオ」の順です。下段の文字は、基本的には上段の対応する文字の母音を長母音化した音を表します。そして文字の形は、上段の母音字にある要素を加えると下段の文字になることがわかります。

母音字 ए (v09) と ओ (v11) は、短母音（「エ」と「オ」）ではなく、長母音（「エー」と「オー」）を表します。本書では伝統的なローマ字表記にならって、ē と ō ではなく、e と o で表します。デーヴァナーガリー文字には短母音「エ」と「オ」を表す母音字はありません。

ऐ (v10) と औ (v12) の発音に注意してください。サンスクリット語では、それぞれ「アイ」「アウ」の要領でかまいませんが、デリーを中心にした現代標準ヒンディー語では、「アエ」「アオ」に近く聞こえます。

2. 母音字の書き順と発音

母音の発音は、特に長短のメリハリをはっきりつけるのがコツです。

装飾的な活字の文字は、線の太さが一定で単調な手書きの文字と比べると、線の太さ・細さの違いなどがあり細部の印象が違って見えます。

(⇒付録 6. 手書きの文字)

v01 अ {ア a}「ア」の要領で、口の開きを狭く。短母音。 02

अ अ अ

v02 आ {アー ā}「アー」の要領で、口の開きを大きく。長母音。

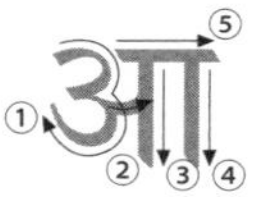

आ आ आ

v03 इ {イ i}「イ」の要領で、唇をもっと左右に張り緊張させる。短母音。 03

इ इ इ

v04 ई {イー ī}「イー」の要領で、唇をもっと左右に張り緊張させる。長母音。

ई ई ई

v05 उ ｛ウ u｝「ウ」の要領で、口をもっと突き出して唇を丸める。短母音。 04

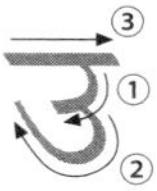

v06 ऊ ｛ウー ū｝「ウー」の要領で、口をもっと突き出して唇を丸める。長母音。

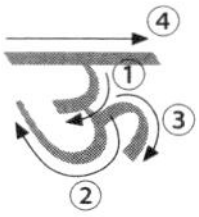

v07 ऋ ｛リ r̥｝「リ」の要領。ヒンディー語では母音ではありません。サンスクリット語からの借用語にだけ用いられます。 05

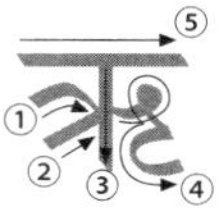

v08 ॠ ｛リー r̥̄｝「リー」の要領。ヒンディー語では母音ではありません。実際には使用されません。

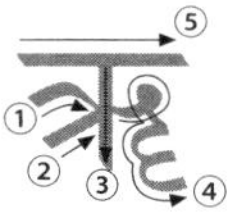

v09 ए ｛エー e｝「エー」の要領で、唇をもっと緊張させる。長母音。 06

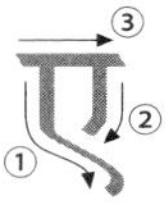

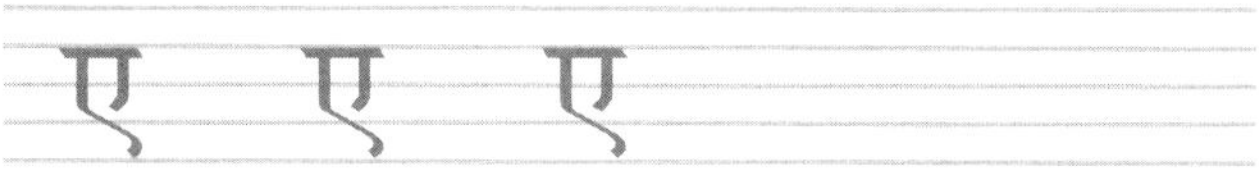

v10 **ऐ** ｛アェー ai｝「アー」と「エー」の中間で、「アー」のように口を大きく開いたまま「エー」を発音する要領。長母音。「アイ」にならないように。本書では便宜的に「アェー」と表記しています。

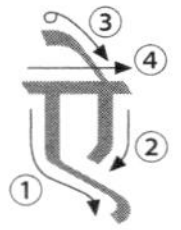

ऐ ऐ ऐ

v11 **ओ** ｛オー o｝「オー」の要領で、唇をもっと丸める。長母音。

07

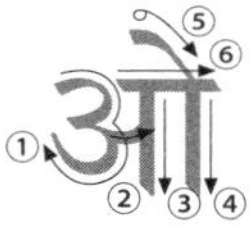

ओ ओ ओ

v12 **औ** ｛アォー au｝「アー」と「オー」の中間で、「アー」のように口を大きく開いたまま「オー」を発音する要領。長母音。「アウ」にならないように。本書では便宜的に「アォー」と表記しています。

औ औ औ

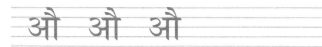

3. 語のつづり方

母音字の書き順でわかるように、文字の書き順の方向は、上から下へ、左から右へ、が基本です。すべての文字の上部にある水平線（シローレーカー）は書き順では最後になります。分かち書きする単語ごとに、構成する各文字のシローレーカーが連結します。

本来の文字の書き順に従えば、単語のつづりにおいてもシローレーカーは構成する文字ごとに書くべきなのでしょうが、実際にはめんどうなのでシローレーカー抜きに文字を書き、単語ごとにまとめてシローレーカーを一気に引いてしまう人が多いようです。さらに極端な場合は、シローレーカーそのものを省略する人もいます。

ここでは、母音字だけで構成される単語**आइए**「いらっしゃい」と**आओ**「おいで」を例に、実用的な書き方を示します。

आइए ｛アーイエー　āie｝「いらっしゃい」

08

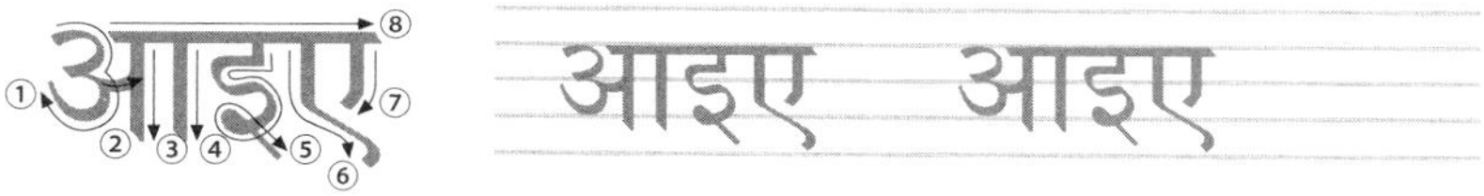

ただし一気にシローレーカーを引いてしまうと、本来あるべきシローレーカーの切れ目まで塗りつぶしてしまうことがありますので注意しましょう。

आओ ｛アーオー　āo｝「おいで」

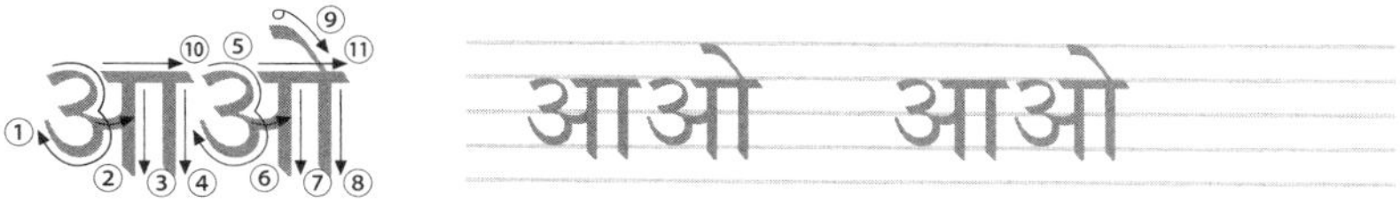

第2課

क ख ग イロハ（初歩）

カ　カ　ガ

1. 子音字の配列

子音字は、古代インドで発達した精密な音声学の知識に基づいて規則正しく配列されています。現代ヒンディー語では、各文字の表す音が当時とは若干違ったものになっているものもあります。

各文字が表す子音に共通する音声学的な特徴によって、以下のように、4つのグループに分けることができます。なお本書では説明の便宜のために、33個の子音（consonant）を表す子音字に通し番号（c01 ～ c33）を付けました。

- 破裂音（はれつおん）のグループ（c01 ～ c25）
- 半母音（はんぼいん）のグループ（c26 ～ c29）
- 歯擦音（しさつおん）のグループ（c30 ～ c32）
- 声門摩擦音（せいもんまさつおん）のグループ（c33）

子音字は、単独では、最初の母音字 अ（v01）が表す短母音｛ア a｝が添えられて発音されます。つまり子音字は子音のみを表すのではなく、カナ文字の「カ（ka）」に「ア（a）」が含まれているように、短母音｛ア a｝が含まれています。このためデーヴァナーガリー文字などのインド系文字は、カナ文字と同じく、音節文字と呼ばれることがあります。

子音字の全貌をつかむために、次の子音字表を見てみましょう。個々の文字の書き方や発音については、次の課から順を追って説明します。

破裂音	c01 क ｛カ ka｝	c02 ख ｛カ k^{h}a｝	c03 ग ｛ガ ga｝	c04 घ ｛ガ g^{h}a｝	c05 ङ ｛ンガ ṅa｝
	c06 च ｛チャ ca｝	c07 छ ｛チャ c^{h}a｝	c08 ज ｛ジャ ja｝	c09 झ ｛ジャ j^{h}a｝	c10 ञ ｛ニャ ña｝
	c11 ट ｛タ ṭa｝	c12 ठ ｛タ ṭ^{h}a｝	c13 ड ｛ダ ḍa｝	c14 ढ ｛ダ ḍ^{h}a｝	c15 ण ｛ナ ṇa｝
	c16 त ｛タ ta｝	c17 थ ｛タ t^{h}a｝	c18 द ｛ダ da｝	c19 ध ｛ダ d^{h}a｝	c20 न ｛ナ na｝
	c21 प ｛パ pa｝	c22 फ ｛パ p^{h}a｝	c23 ब ｛バ ba｝	c24 भ ｛バ b^{h}a｝	c25 म ｛マ ma｝
半母音	c26 य ｛ヤ ya｝	c27 र ｛ラ ra｝	c28 ल ｛ラ la｝	c29 व ｛ワ va｝	
歯擦音	c30 श ｛シャ śa｝	c31 ष ｛シャ ṣa｝	c32 स ｛サ sa｝		
声門摩擦音	c33 ह ｛ハ ha｝				

最初の子音字３文字（c01, c02, c03）を並べた क ख ग ｛ka k^{h}a ga｝は、ちょうど日本語の「イロハ（初歩）」の意味になります。この発音は「カ　カ　ガ」に聞こえますが、最初と２番目の「カ」は文字だけでなく発音も違います。この違いは次の課で説明します。

2. 語末の子音字の発音

単独の子音字が最初の母音字 अ（v01）の発音 ｛ア a｝ を含んでいることは、前に説明した通りです。子音字が語頭にあるときも、その通りに発音されます。しかし子音字が語末にあるときは、この母音 ｛ア a｝ は発音されず、純粋に子音だけの発音になります。本書の転写記号では、このように発音されなくても元々単独の子音字に含まれているはずの母音 ｛ア a｝ を ｛**a**｝ で表すことにします。

こうした文字と発音との関係はヒンディー語特有なものです。そのため同じつづりでも、現代のヒンディー語と古典語であるサンスクリット語とでは、発音が違ってきます。たとえば、ヒンディー語がサンスクリット語から借用した次の語を見てください。

नरक ｛ナラク narak**a**｝「地獄（奈落）」
फल ｛パル p^hal**a**｝「果実」

サンスクリット語では、上記の転写記号で書かれた語末の ｛**a**｝ は ｛ア a｝として発音します。つまり書かれた通りに発音されます。

なおヒンディー語の語中の子音字に含まれる母音は、前後の音の環境によって、発音したり（｛a｝）しなかったり（｛**a**｝）します。この規則については、後でまとめて整理します（⇒第７課）。とりあえず、サンスクリット語と同じように、語中の子音字の母音はすべて発音するものとして説明を進めます。

3. 長母音 {アー ā} を表す母音記号

ここでは、次の課から学ぶ子音字の発音練習に備えて、母音記号を一つだけ学んでおくことにしましょう。母音字と子音字だけのつづりでは、練習できる語にかなり制限があるからです。

最初の母音字 अ {ア a} (v01) を基本字 (◌) と考えると、2番目の母音字 आ {アー ā} (v02) は、基本字に記号 ा が付加されたものと見ることができます。同じ要領で任意の子音字 (◌) に記号 ा が付加されると、その子音字が表す子音に長母音 {アー ā} が添えられて発音されます。

記号 ा のように子音字に付加されて母音を表す記号を、母音記号と呼びます。子音字に母音記号が付加されると、子音字は、単独では含んでいた母音 {ア a} を失い、純粋の子音のみを表します。すべての母音記号については、子音字を一通り学んだ後で、まとめて説明します (⇒第6課)。

最初の子音字 क と、それに長母音 {アー ā} を表す母音記号 ा が付加した का の書き順を示します。シローレーカーは最後に書きます。

क {カ ka} 09

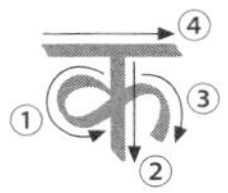

क क क

का {カー kā}

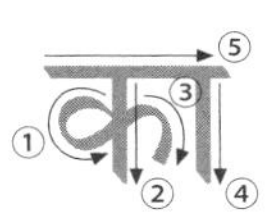

का का का

第3課

काई	｛カーイー kāī｝	苔（こけ）
खाई	｛カーイー k^hāī｝	溝（みぞ）

1. 破裂音について

破裂音は、吐く息の空気の流れを口の中で一瞬ふさいで、高まった圧力を一挙に開放する時の音です。空気の流れをふさぐために、軟口蓋や硬口蓋あるいは歯に舌が触れたり、唇を閉じたりします。この空気の流れをふさぐ時の舌の触れる位置や唇を調音点と言います。

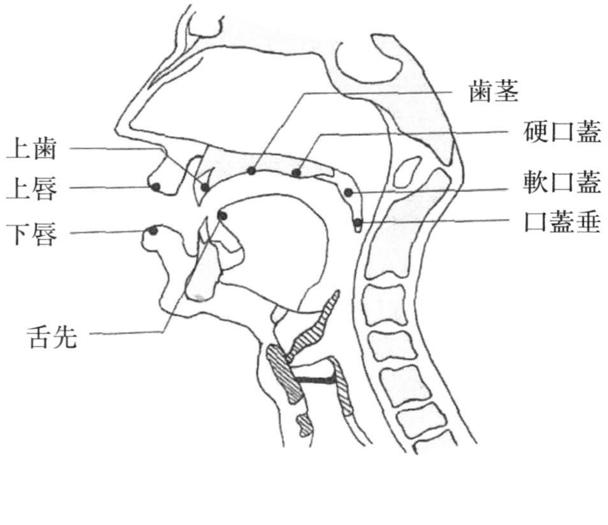

デーヴァナーガリー文字が表す破裂音は、同じ調音点ごとに、以下の5種類のグループに分類できます。それぞれのグループの順番は、調音点が口腔の奥（軟口蓋）から次第にずれて唇まで向かう順番です。

1. 軟口蓋・破裂音
2. 硬口蓋・破擦音（サンスクリット語では破裂音）
3. 反り舌・破裂音
4. 歯・破裂音
5. 両唇・破裂音

各グループに、［無声／有声］の対立と［無気／有気］の対立で区別できる4個の子音、そして鼻子音の計5個の子音が以下のような順番で並びます。

	無声音	有声音
無気音	1	3
有気音	2	4
鼻子音		5

｛カ ka｝と｛ガ ga｝の違いは、子音の発音（｛k｝と｛g｝）の際、声帯が震えてないか（無声音）、震えているか（有声音）の違いです。日本人にとって、無声音（日本語の清音）と有声音（日本語の濁音）の区別はむずかしくありません。それに比べて、無気音と有気音の区別は練習の必要があります。

無気音と有気音の区別のむずかしさは、日本人にとってまったく新しい音だからではなく、ふだん区別なしに発音している音を意識的に使い分けなければいけないからです。

発音の際、呼気が強く出ない音を無気音、強く出る音を有気音といいます。無気音か有気音か自分で確かめる一つの方法は、ティッシュのように軽くて薄い紙を縦長に切ったものを用意します。縦長の紙の片方の端を指でつまんで、下の端が唇のすぐ前にくるように、顔の前に垂らします。吐く息で紙の下の端が揺れることを確認して、たとえば「パ」を発音します。ほとんど揺れない「パ」が無気音｛パ pa｝で、大きく揺れる「パ」が有気音｛パ $p^{h}a$｝です。無気音と有気音の違いは、音の大きさとは無関係です。慣れたら、｛カ ka｝と｛カ $k^{h}a$｝、｛タ ta｝と｛タ $t^{h}a$｝なども同じ要領で練習してください、そのあと「バ」、「ガ」、「ダ」なの有声音に移ってください。日本語では、普通に発音した語頭の「パ」や「バ」などの破裂音は、有気音（｛パ $p^{h}a$｝や｛バ $b^{h}a$｝）になっている場合が多いようです。

先頭の子音が無気音と有気音の違いだけの काई ｛カーイー kāī｝「苔（こけ）」と खाई ｛カーイー k^{h}āī｝「溝（みぞ）」は、どちらも日本人には「カーイー」と聞こえてしまいます。

有気音を表すために、サンスクリット語の伝統的なローマ字転写では、kh や gh のように h を添えて表すのが普通です。本書では、２つの子音の連続（たとえばkとh）と混同しないために、無気音｛k｝、｛g｝に対応する有気音の転写記号は｛k^{h}｝、｛g^{h}｝というように、有気音を表すために左肩に付く記号｛^{h}｝を使用します。

５種類のグループごとに、つまり５つの調音点ごとに鼻子音があるので、全部で５種類の鼻子音があることになります。これらは特にむずかしい発音ではありません。５種類の鼻子音の発音は、母音を伴わない場合、すべて日本語の「ン」の要領です。たとえば、「サンカ」、「ヤンチャ」、「カンダ」、「サンポ」の「ン」です。これらの「ン」は、直後にくる「カ」、「チャ」、

「ダ」、「ポ」などの子音に自然にひきずられて、それぞれの子音と同じ調音点の「ン」として発音されています。そのためこれらの「ン」は、厳密には調音点がみな違いますが、私たちは普通意識していません。別の言い方をすれば、５種類の鼻子音は、それぞれの直後にくる子音が正しく発音できていれば、自然に正しく発音されます。古代のインド人は、こうした鼻子音の違いを精密に聞き分けて、別々の文字を割り当てました。

母音を伴う鼻子音は、実用上、５個のうち３個だけ区別します。ण（c15）は反り舌音ですが、न（c20）は日本語のナ行、म（c25）は日本語のマ行の要領です。ダウンロード音声では、５種類の鼻子音字すべてを機械的に発音してもらっているため、ヒンディー語では単独で使われない鼻子音字ङ（c05）とञ（c10）は、やや無理な発音になっています。

2. 子音字（c01～c05）　軟口蓋・破裂音

奥舌を軟口蓋につけ、呼気を一瞬閉じて破裂させる音です。カ行、ガ行の子音の要領です。

c01	c02	c03	c04	c05
क	ख	ग	घ	ङ
｛カ ka｝	｛カ k^ha｝	｛ガ ga｝	｛ガ g^ha｝	｛ンガ ṅa｝

	無声音	有声音
無気音	क ｛カ ka｝	ग ｛ガ ga｝
有気音	ख ｛カ k^ha｝	घ ｛ガ g^ha｝
鼻子音		ङ ｛ンガ ṅa｝

c01 **क** ｛カ ka｝ 無声・無気音。呼気が強くない「カ」の要領。 10

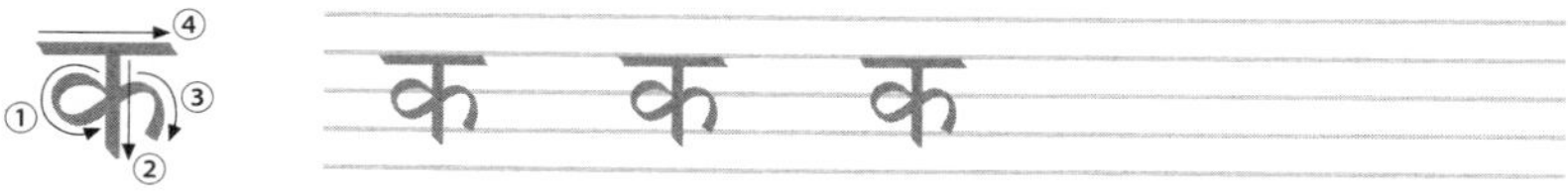

c02 **ख** ｛カ $k^{h}a$｝ 無声・有気音。呼気が強い「カ」の要領。

c03 **ग** ｛ガ ga｝ 有声・無気音・呼気が強くない「ガ」の要領。

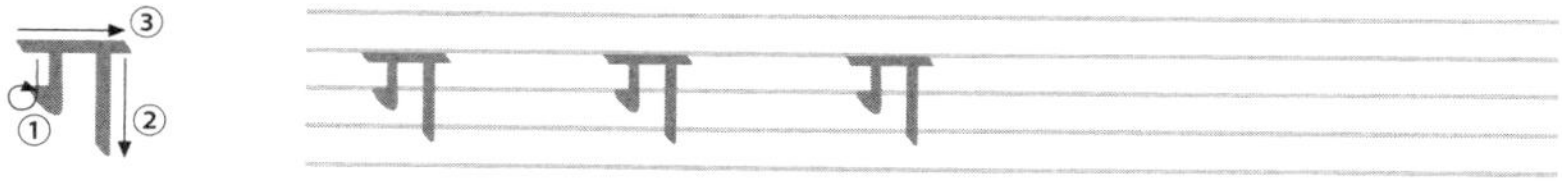

c04 **घ** ｛ガ $g^{h}a$｝ 有声・有気音。呼気が強い「ガ」の要領。

c05 **ङ** ｛ンガ ṅa｝ 鼻子音。「ンガ」の要領。単独では発音しません。

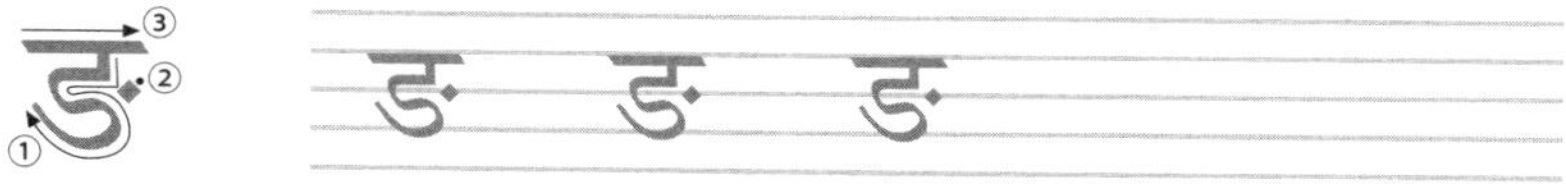

練習問題3-2 つづりと発音の練習をしましょう。

11

1 कई ｛カイー kaī｝ 「いくつかの」

कई कई

2 काई ｛カーイー kāī｝ 「苔（こけ）」

काई काई

3 खाई ｛カーイー k^{h}āī｝ 「溝（みぞ）」

खाई खाई

4 खाइए ｛カーイエー k^{h}āie｝ 「お食べください」

खाइए खाइए

5 खाओ ｛カーオー k^{h}āo｝ 「食べなさい」

खाओ खाओ

6 गई ｛ガイー gaī｝ 「（彼女は）行った」

गई गई

7 गाई ｛ガーイー gāī｝ 「（彼女は）歌った」

गाई गाई

8 गाइए ｛ガーイエー gāie｝ 「歌ってください」

गाइए गाइए

9 गाओ ｛ガーオー gāo｝ 「歌いなさい」

गाओ गाओ

10 घाई ｛ガーイー g^{h}āī｝ 「指と指の間」

घाई घाई

語末の子音字の発音に注意してください。 12

11 एक ｛エーク eka｝ 「1」

एक एक

12 ईख ｛イーク īk^{h}a｝ 「サトウキビ」

ईख ईख

13 आग ｛アーグ āga｝ 「火」

आग आग

14 घाघ ｛ガーグ g^{h}āg^{h}a｝ 「ずる賢い（人）」

घाघ घाघ

3. 子音字（c06〜c10） 硬口蓋・破擦音

前舌を上歯茎近くの硬口蓋につけ、呼気を一瞬閉じその狭い隙間から擦って出す音です。チャ行、ジャ行の子音の要領です。サンスクリット語では破裂音でした。

c06	c07	c08	c09	c10
च	छ	ज	झ	ञ
｛チャ ca｝	｛チャ c^{h}a｝	｛ジャ ja｝	｛ジャ j^{h}a｝	｛ニャ ña｝

	無声音	有声音
無気音	च ｛チャ ca｝	ज ｛ジャ ja｝
有気音	छ ｛チャ c^{h}a｝	झ ｛ジャ j^{h}a｝
鼻子音		ञ ｛ニャ ña｝

c06 **च** ｛チャ ca｝ 無声・無気音。呼気が強くない「チャ」の要領。

13

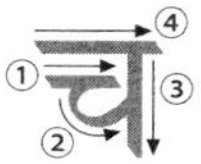

च च च

c07 **छ** ｛チャ $c^{h}a$｝ 無声・有気音。呼気が強い「チャ」の要領。

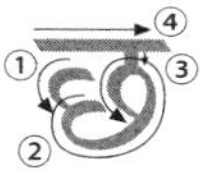

छ छ छ

c08 **ज** ｛ジャ ja｝ 有声・無気音。呼気が強くない「ジャ」の要領。

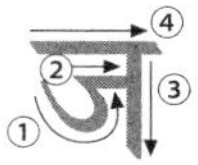

ज ज ज

c09 **झ** ｛ジャ $j^{h}a$｝ 有声・有気音。呼気が強い「ジャ」の要領。

झ झ झ

c10 **ञ** ｛ニャ ña｝ 鼻子音。「ニャ」の要領。単独では発音しません。

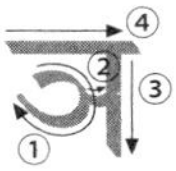

ञ ञ ञ

練習問題3-3 つづりと発音の練習をしましょう。

14

1 चाचा ｛チャーチャー cācā｝「叔父（父の弟）」

चाचा चाचा

2 ओछा ｛オーチャー ocʰā｝「浅はかな」

ओछा ओछा

3 जाइए ｛ジャーイエー jāie｝「行ってください」

जाइए जाइए

4 जाओ ｛ジャーオー jāo｝「行きなさい」

जाओ जाओ

5 झाग ｛ジャーグ gʰāga｝「泡」

झाग झाग

15

語末の子音字の発音に注意してください。

6 छाछ ｛チャーチ cʰācʰa｝「バターミルク」

छाछ छाछ

7 आज ｛アージ āja｝「今日」

आज आज

4. 子音字（c11～c15）　反り舌・破裂音

舌の先端の裏を歯茎に近い硬口蓋につけて、舌を反り返らすように、発音する「タ」や「ダ」の要領です。日本語には無い音です。舌の先端と硬口蓋が接する位置はほぼ「ラ」と同じか、もう少し後ろです。したがって、普通より舌を反り返した「ラ」の位置で、「タ」や「ダ」を発音する練習をしてください。

反り舌音であることを、転写記号では｛ṭ, ṭʰ, ḍ, ḍʰ, ṇ｝のように下付のドットで表します。

英語の歯茎・破裂音 t と d は、インド人には反り舌・破裂音の｛ṭ｝と｛ḍ｝に聞えるようです。ヒンディー語に入った英語からの借用語に含まれる t と d は、ほとんど子音字 ट（c11）と ड（c13）で表記されます。

c11	c12	c13	c14	c15
ट	ठ	ड	ढ	ण
｛タ ṭa｝	｛タ ṭʰa｝	｛ダ ḍa｝	｛ダ ḍʰa｝	｛ナ ṇa｝

	無声音	有声音
無気音	ट｛タ ṭa｝	ड｛ダ ḍa｝
有気音	ठ｛タ ṭʰa｝	ढ｛ダ ḍʰa｝
鼻子音		ण｛ナ ṇa｝

c11 ट　｛タ ṭa｝無声・無気音。反り舌にした呼気が強くない「タ」の要領。

16

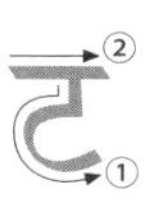

ट　ट　ट

c12 **ठ** ｛タ ṭʰa｝ 無声・有気音。反り舌にした呼気が強い「タ」の要領。

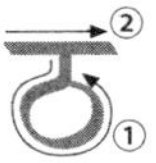

ठ ठ ठ

c13 **ड** ｛ダ ḍa｝ 有声・無気音。反り舌にした呼気が強くない「ダ」の要領。

ड ड ड

c14 **ढ** ｛ダ ḍʰa｝ 有声・有気音。反り舌にした呼気が強い「ダ」の要領。

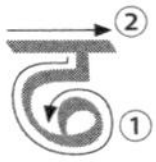

ढ ढ ढ

c15 **ण** ｛ナ ṇa｝ 鼻子音。反り舌にした「ナ」の要領。

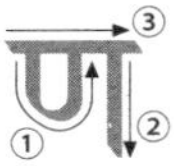

ण ण ण

練習問題3-4 つづりと発音の練習をしましょう。

17

1 **टाई** ｛ターイー ṭāī｝ 「ネクタイ（tie）」

टाई टाई

2 **आटा** ｛アーター āṭā｝ 「小麦の全粒粉（ぜんりゅうふん）」

आटा आटा

3　उठाइए　｛ウターイエー uṭ^{h}āiē｝「持ち上げてください」

उठाइए　उठाइए

4　उठाओ　｛ウターオー uṭ^{h}āō｝「持ち上げなさい」

उठाओ　उठाओ

5　डाक　｛ダーク ḍāka｝「郵便」

डाक　डाक

6　डाटा　｛ダーター ḍāṭā｝「データ（data）」

डाटा　डाटा

7　ढाई　｛ダーイー ḍ^{h}āī｝「2と1/2」

ढाई　ढाई

語末の子音字の発音に注意してください。　18

8　खाट　｛カート k^{h}āṭa｝「簡易ベッド」

खाट　खाट

9　आठ　｛アート āṭ^{h}a｝「8」

आठ　आठ

10　ऋण　｛リン r̥ṇa｝「負債」

ऋण　ऋण

5. 子音字（c16～c20）　歯・破裂音

舌先を上の前歯の裏につけて発音する「タ」や「ダ」の要領です。日本語の「タ」や「ダ」は、歯・破裂音と呼ばれ、舌先が歯のつけ根付近（歯茎）についています。

転写記号では、有気音の記号 ｛^{h}｝ を別にすれば、｛t, t^{h}, d, d^{h}, n｝のように普通のローマ字で表します。

英語のつづり th で表される無声音（thank の th）と有声音（the の th）は摩擦音ですが、舌の位置はこのグループの子音と同じように舌先が上の前歯の裏に接触します。そのためインド人は、英語の無声摩擦音を歯・破裂音 ｛t^{h}｝（｛t｝ ではなく）、英語の有声摩擦音を歯・破裂音 ｛d｝で発音します。このため、インド英語の Thank you と the はそれぞれ、｛タンキュー t^{h}aṅkyū｝ と ｛ダ da｝ に聞こえます。ヒンディー語に入った英語からの借用語でも、このような音の対応が見られます。

このグループの鼻子音は、現在日本語と同じように歯茎・破裂音「ナ」と同じ要領です。

c16	c17	c18	c19	c20
त	थ	द	ध	न
｛タ ta｝	｛タ t^{h}a｝	｛ダ da｝	｛ダ d^{h}a｝	｛ナ na｝

	無声音	有声音
無気音	त ｛タ ta｝	द ｛ダ da｝
有気音	थ ｛タ t^{h}a｝	ध ｛ダ d^{h}a｝
鼻子音		न ｛ナ na｝

c16 त ｛タ ta｝ 無声・無気音。舌先を前歯の裏に付けた呼気が強くない「タ」の要領。 19

त त त

c17 **थ** ｛タ $t^{h}a$｝ 無声・有気音。舌先を前歯の裏に付けた呼気が強い「タ」の要領。

थ　थ　थ

c18 **द** ｛ダ da｝ 有声・無気音。舌先を前歯の裏に付けた呼気が強くない「ダ」の要領。

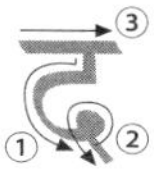

द　द　द

c19 **ध** ｛ダ $d^{h}a$｝ 有声・有気音。舌先を前歯の裏に付けた呼気が強い「ダ」の要領。

ध　ध　ध

c20 **न** ｛ナ na｝ 鼻子音。舌先を前歯の付け根にしっかり付ける。「ナ」の要領。

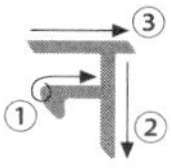

न　न　न

練習問題3-5 つづりと発音の練習をしましょう。

20

1 **ताऊ** ｛ターウー tāū｝ 「伯父（父の兄）」

ताऊ　ताऊ

2 **थाना** ｛ターナー t^{h}ānā｝ 「警察署」

थाना　थाना

3 दादा ｛ダーダー dādā｝「（父方の）祖父」

दादा दादा

4 दाना ｛ダーナー dānā｝「穀粒」

दाना दाना

5 धागा ｛ダーガー d^{h}āgā｝「糸」

धागा धागा

6 आधा ｛アーダー ād^{h}ā｝「半分の」

आधा आधा

7 नाक ｛ナーク nāka｝「鼻」

नाक नाक

8 नाना ｛ナーナー nānā｝「（母方の）祖父」

नाना नाना

21

語末の子音字の発音に注意してください。

9 आदत ｛アーダト ādata｝「習慣」

आदत आदत

10 नथ ｛ナト nat^{h}a｝「鼻輪」

नथ नथ

11 धन ｛ダン d^{h}ana｝「富」

धन धन

12 धान ｛ダーン d^{h}āna｝「稲」

धान धान

6. 子音字（c21～c25） 両唇・破裂音

両唇をつけ、呼気を一瞬閉じて破裂させる音です。パ行、バ行の子音の要領です。

c21	c22	c23	c24	c25
प	फ	ब	भ	म
｛パ pa｝	｛パ p^ha｝	｛バ ba｝	｛バ b^ha｝	｛マ ma｝

	無声音	有声音
無気音	प ｛パ pa｝	ब ｛バ ba｝
有気音	फ ｛パ p^ha｝	भ ｛バ b^ha｝
鼻子音		म ｛マ ma｝

c21 प ｛パ pa｝ 無声・無気音。呼気が強くない「パ」の要領。 22

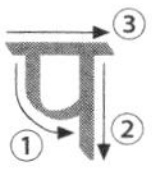

प प प

c22 फ ｛パ p^ha｝ 無声・有気音。呼気が強い「パ」の要領。

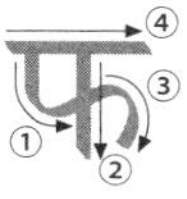

फ फ फ

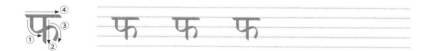

c23 ब ｛バ ba｝ 有声・無気音。呼気が強くない「バ」の要領。

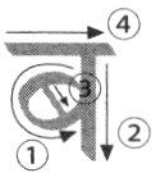

ब ब ब

c24 **भ** ｛バ b^ha｝ 有声・有気音。呼気が強い「バ」の要領。

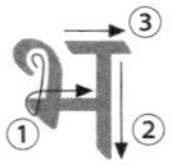

भ भ भ

c25 **म** ｛マ ma｝ 鼻子音。「マ」の要領。

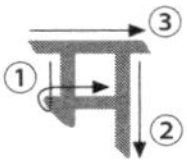

म म म

練習問題3-6 つづりと発音の練習をしましょう。

23

1 **पता** ｛パター patā｝ 「住所」

पता पता

2 **पानी** ｛パーニー pānī｝ 「水」

पानी पानी

3 **फाटक** ｛パータク p^hāṭaka｝ 「門」

फाटक फाटक

4 **बनाइए** ｛バナーイエー banāie｝ 「作ってください」

बनाइए बनाइए

5 **बनाओ** ｛バナーオー banāo｝ 「作りなさい」

बनाओ बनाओ

6 **भाई** ｛バーイー b^hāī｝ 「兄弟」

भाई भाई

7　माता　{マーター mātā}　「母」

माता　माता

8　मामा　{マーマー māmā}　「（母方の）叔父」

मामा　मामा

24

語末の子音字の発音に注意してください。

9　पाप　{パープ pāpa}　「罪」

पाप　पाप

10　कफ　{カプ $kap^{h}a$}　「痰（たん）」

कफ　कफ

11　कब　{カブ kaba}　「いつ」

कब　कब

12　आम　{アーム āma}　「マンゴー」

आम　आम

13　नाम　{ナーム nāma}　「名前」

नाम　नाम

第4課

सब	｛サブ saba｝	「全部」
बस	｛バス basa｝	「バス」

1. 子音字（c26～c29）　半母音

c26	c27	c28	c29
य	र	ल	व
｛ヤ ya｝	｛ラ ra｝	｛ラ la｝	｛ヴァ va｝

日本人には区別が苦手な**व**｛ヴァva｝（c29）と**ब**｛バ ba｝（c23）は形の上でも似ています。インドの言語中にも、｛v｝と｛b｝の区別がなく、ベンガル語のように｛b｝しかない言語もあります。そのためかどうかわかりませんが、ヒンディー語版（つまりデーヴァナーガリー文字表記）の列車の時刻表では、駅名の索引では、**व**も**ब**も同じ**ब**とみなして、同じところに配置する工夫がされているものがあります。

c26　**य**　｛ヤ ya｝｛ヤ｝の要領。　25

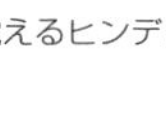

य　य　य

c27 **र** ｛ラ ra｝ 巻き舌の「ラ」の要領。

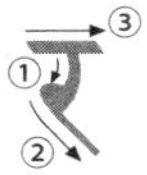

र र र

c28 **ल** ｛ラ la｝ 舌の前ふちを上の歯の付け根にあて、舌の両側から呼気を出す「ラ」の要領。

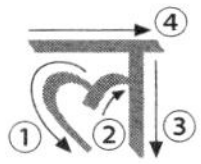

ल ल ल

c29 **व** ｛ヴァ va｝ 上歯で下唇を軽く押さえ、そのすき間から呼気を出す「ヴァ」の要領。「ワ」とも発音されます。

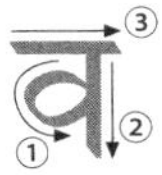

व व व

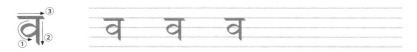

練習問題4-1 つづりと発音の練習をしましょう。

26

1 **या** ｛ヤー yā｝ 「あるいは」

या या

2 **राजा** ｛ラージャー rājā｝ 「王」

राजा राजा

3 **रात** ｛ラート rāta｝ 「夜」

रात रात

4 **लाइए** ｛ラーイエー lāie｝ 「持ってきてください」

लाइए लाइए

5　लाओ　｛ラーオー lāo｝「持ってきなさい」

लाओ　लाओ

6　वादा　｛ワーダー vādā｝「約束」

वादा　वादा

語末の子音字の発音に注意してください。　27

7　चार　｛チャール cāra｝「4」

चार　चार

8　लाल　｛ラール lāla｝「赤い」

लाल　लाल

2. 子音字（c30～c32）　歯擦音（しさつおん）

c30	c31	c32
श	ष	स
｛シャ śa｝	｛シャ ṣa｝	｛サ sa｝

c30　श　｛シャ śa｝「シャ」の要領。　28

श　श　श

c31 **ष** ｛シャ ṣa｝「シャ」の要領。ヒンディー語では **श**（c30）と同じ音です。サンスクリット語からの借用語にだけあらわれます。

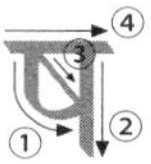

ष　ष　ष

c32 **स** ｛サ sa｝「サ」の要領。

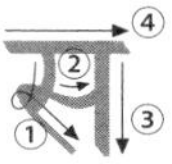

स　स　स

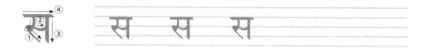

練習問題4-2 つづりと発音の練習をしましょう。

29

1 **शाम** ｛シャーム śāma｝「夕方」

शाम　शाम

2 **आशा** ｛アーシャー āśā｝「期待」

आशा　आशा

3 **भाषा** ｛バーシャー b^hāṣā｝「言語」

भाषा　भाषा

4 **सब** ｛サブ saba｝「全部」

सब　सब

5 **साल** ｛サール sāla｝「年」

साल　साल

6　असर　{アサル asara}　「効果」

असर　असर

語末の子音字の発音に注意してください。　30

7　आकाश　{アーカーシュ ākāśa}　「天空」

आकाश　आकाश

8　ताश　{ターシュ tāśa}　「トランプ」

ताश　ताश

9　बस　{バス basa}　「バス」

बस　बस

10　सास　{サース sāsa}　「義母、姑（しゅうとめ）」

सास　सास

3. 子音字（c33）　声門摩擦音

c33

ह

{ハ ha}

c33　ह　{ハ ha}「ハ」の要領。　31

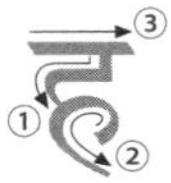

ह　ह　ह

練習問題4-3　つづりと発音の練習をしましょう。

32

1　हरा　｛ハラー harā｝「緑色の」

हरा　हरा

2　हाथ　｛ハート hāt^{h}a｝「手」

हाथ　हाथ

3　नहाइए　｛ナハーイエー nahāie｝「沐浴(もくよく)してください」

नहाइए　नहाइए

4　नहाओ　｛ナハーオー nahāo｝「沐浴しなさい」

नहाओ　नहाओ

語末の子音字の発音に注意してください。

33

5　आह　｛アーハ āha｝「ため息」

आह　आह

第5課

खाना ｛カーナー k^{h}ānā｝「食べ物」

रवाना ｛ラヴァーナー ravānā｝「出発した（形容詞）」

1. 形の似ている子音字

手書きで急いで書くと、似ているために判読しにくくなる子音字があります。

34

c21	c25	c26
प	म	य
｛パ pa｝	｛マ ma｝	｛ヤ ya｝

c04	c19
घ	ध
｛ガ g^{h}a｝	｛ダ d^{h}a｝

c17	c26
थ	य
｛タ t^{h}a｝	｛ヤ ya｝

c24 c25

भ म

｛バ b^ha｝ ｛マ ma｝

c14 c18

ढ द

｛ダ $ḍ^ha$｝ ｛ダ da｝

c16 c20

त न

｛タ ta｝ ｛ナ na｝

母音記号が付くことで、まぎらわしい字形になることもあります。たとえば、खाना ｛カーナー $k^hānā$｝「食べ物」と रवाना ｛ラヴァーナー ravānā｝「出発した」などです。

c02 c27＋c29

ख रव

｛カ k^ha｝ ｛ラヴァ rava｝

2. 異体字

いままで学んできた文字の内、अ (v01)、छ (v07)、झ (v09)、ल (v28) などの文字はやや異なる字形の活字で印刷されることがあります。印刷物を読むためには、これらの異体字を知っていると便利です。本書で使用している標準的な字形と比較してください。

v01　अ　{ア a}　35

अ　अ

c07　छ　{チャ $c^h a$}

छ　छ

c09　झ　{ジャ $j^h a$}

झ　झ

c28　ल　{ラ la}

ल　ल

第6課

गुलाब　｛グラーブ gulāba｝「バラ」

नारियल　｛ナーリヤル nāriyala｝「ココナッツ」

1. 母音記号

子音字は、単独では、その子音字が表す子音に最初の母音 ｛ア a｝（v01）を添えて発音される音節文字です。これは日本語の五十音図のア段「カ、サ、タ、ナ、ハ、マ、ヤ、ラ、ワ」の各カナ文字とよく似ています。

五十音図では同じ子音で始まる各行、たとえばカ行「カ、キ、ク、ケ、コ」のそれぞれのカナ文字には形の上で共通な部分はありません。それぞれのカナ文字を個別に覚える必要があります。一方デーヴァナーガリー文字では、各行の先頭文字（たとえばカ行の「カ」）に一定の母音記号を一定の位置に規則的に付けることで、残りの「キ、ク、ケ、コ」を表すことができる仕組みになっています。

もし日本語の五十音を、単純に子音（10個）と母音（5個）との掛け算（10×5）と考えると、デーヴァナーガリー文字では子音（33個）と母音（12個）との掛け算（33×12）となり400近い音節文字が必要となる計算になります。しかし音節文字を子音文字のパーツと母音を表すパーツの組み合わせにし、母音を表すパーツ（母音記号）を共通化することで、音節文字を構成するパーツの数は足し算（33+12）で済み五十音よりも少なくなります。この簡便で合理的な仕組みがデーヴァナーガリー文字を含むインド系文字の最大の特徴です。

デーヴァナーガリー文字の子音字に母音記号（マートラー記号）が付加されると、子音字そのものは、単独では含んでいた母音｛ア a｝を失い純粋の子音のみを表すことになります。母音｛ア a｝を表す母音記号はありません。

任意の子音字 ◌ に付く各母音記号と、その付き方を以下に示します。最初の母音｛ア a｝に対応する母音記号はありません。子音字そのものが｛ア a｝を含んでいるからです。短母音｛イ i｝に対応する母音記号に注意してください。子音字の左側に書かれ、読む方向と視覚的には逆の位置になります。

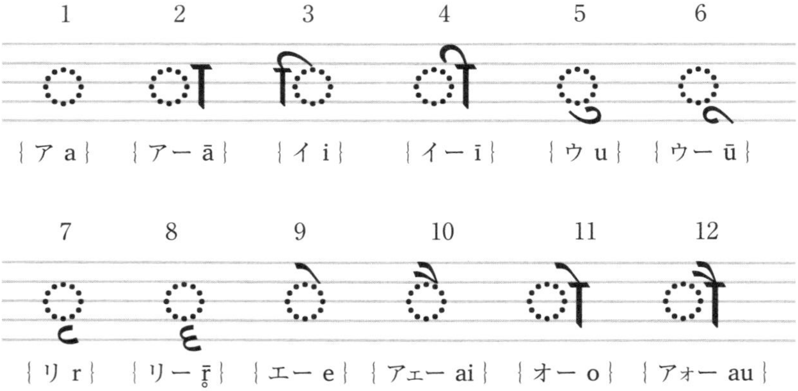

次に、母音記号が付加した子音文字の書き順を、最初の子音字 क を例に示します。

36

◌

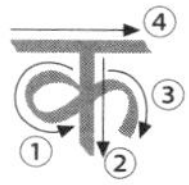

{ カ ka }

क क

◌ा

{ カー kā }

का का

ि◌

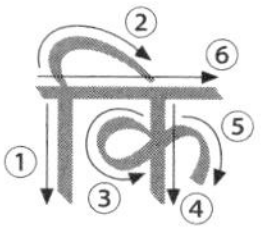

{ キ ki }

कि कि

◌ी

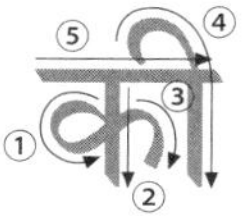

{ キー kī }

की की

◌ु

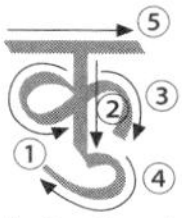

{ ク ku }

कु कु

◌ू

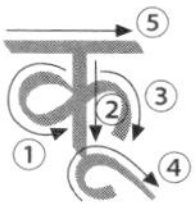

{ クー kū }

कू कू

ृ

कृ

{ クリ kr̥ }

कृ कृ

ॄ

कॄ

{ クリー kr̥ }

कॄ कॄ

े

के

{ ケー ke }

के के

ै

कै

{ カェー kai }

कै कै

ो

को

{ コー ko }

को को

ौ

कौ

{ カォー kau }

कौ कौ

一部の母音記号は、特定の子音記号に付加されるとき例外的な位置に付く場合があります。रु ｛ル ru｝ の母音記号は活字の文字と手書きとやや違っています。

37

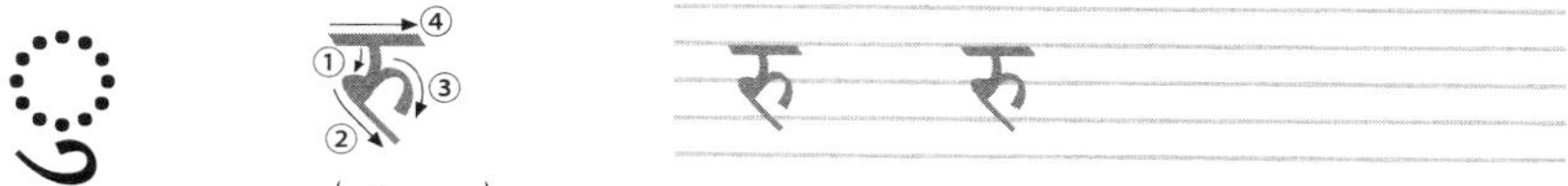

｛ル ru｝

③

｛ルー rū｝

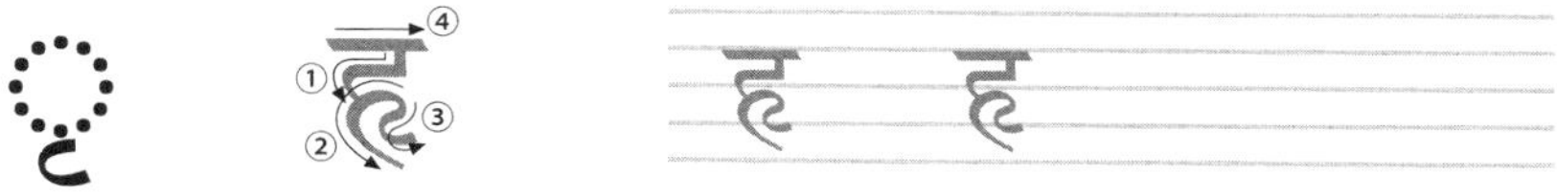

｛フリ hṛ｝

次に、子音字と母音記号の組み合わせのリストをあげておきます。母音記号の形と付く位置が一定であることに注意してください。空欄になっているのは、ヒンディー語では明らかに使用しない組み合わせです。また、出された形もすべてが使用されるわけではありません。

		v01	v02	v03	v04	v05	v06	v07	v08	v09	v10	v11	v12
		{a}	{ā}	{i}	{ī}	{u}	{ū}	{ṛ}	{ṝ}	{e}	{ai}	{o}	{au}
		अ	आ	इ	ई	उ	ऊ	ऋ	ॠ	ए	ऐ	ओ	औ
c01	{k}	क	का	कि	की	कु	कू	कृ		के	कै	को	कौ
c02	{kʰ}	ख	खा	खि	खी	खु	खू	खृ		खे	खै	खो	खौ
c03	{g}	ग	गा	गि	गी	गु	गू	गृ		गे	गै	गो	गौ
c04	{gʰ}	घ	घा	घि	घी	घु	घू	घृ		घे	घै	घो	घौ
c05	{ṅ}	ङ											
c06	{c}	च	चा	चि	ची	चु	चू	चृ		चे	चै	चो	चौ
c07	{cʰ}	छ	छा	छि	छी	छु	छू	छृ		छे	छै	छो	छौ
c08	{j}	ज	जा	जि	जी	जु	जू	जृ		जे	जै	जो	जौ
c09	{jʰ}	झ	झा	झि	झी	झु	झू	झृ		झे	झै	झो	झौ
c10	{ñ}	ञ											
c11	{ṭ}	ट	टा	टि	टी	टु	टू	टृ		टे	टै	टो	टौ
c12	{ṭʰ}	ठ	ठा	ठि	ठी	ठु	ठू	ठृ		ठे	ठै	ठो	ठौ
c13	{ḍ}	ड	डा	डि	डी	डु	डू	डृ		डे	डै	डो	डौ

c14	{ḍ^{h}}	ढ	ढा	ढि	ढी	ढु	ढू	ढृ	ढे	ढै	ढो	ढौ
c15	{ṇ}	ण	णा	णि	णी	णु	णू	णृ	णे	णै	णो	णौ
c16	{t}	त	ता	ति	ती	तु	तू	तृ	ते	तै	तो	तौ
c17	{t^{h}}	थ	था	थि	थी	थु	थू	थृ	थे	थै	थो	थौ
c18	{d}	द	दा	दि	दी	दु	दू	दृ	दे	दै	दो	दौ
c19	{d^{h}}	ध	धा	धि	धी	धु	धू	धृ	धे	धै	धो	धौ
c20	{n}	न	ना	नि	नी	नु	नू	नृ	ने	नै	नो	नौ
c21	{p}	प	पा	पि	पी	पु	पू	पृ	पे	पै	पो	पौ
c22	{p^{h}}	फ	फा	फि	फी	फु	फू	फृ	फे	फै	फो	फौ
c23	{b}	ब	बा	बि	बी	बु	बू	बृ	बे	बै	बो	बौ
c24	{b^{h}}	भ	भा	भि	भी	भु	भू	भृ	भे	भै	भो	भौ
c25	{m}	म	मा	मि	मी	मु	मू	मृ	मे	मै	मो	मौ
c26	{y}	य	या	यि	यी	यु	यू	यृ	ये	यै	यो	यौ
c27	{r}	र	रा	रि	री	रु	रू		रे	रै	रो	रौ
c28	{l}	ल	ला	लि	ली	लु	लू	लृ	ले	लै	लो	लौ
c29	{v}	व	वा	वि	वी	वु	वू	वृ	वे	वै	वो	वौ
c30	{ś}	श	शा	शि	शी	शु	शू	शृ	शे	शै	शो	शौ
c31	{ṣ}	ष	षा	षि	षी	षु	षू	षृ	षे	षै	षो	षौ
c32	{s}	स	सा	सि	सी	सु	सू	सृ	से	सै	सो	सौ
c33	{h}	ह	हा	हि	ही	हु	हू	हृ	हे	है	हो	हौ

練習問題6-1 インドでポピュラーな野菜、果物、花など植物を表す語をあげます。母音記号を含んだつづりと発音の練習をしましょう。順番は辞書の見出し語順と同じです。

38

1 केला ｛ケーラー kelā｝「バナナ」

केला केला

2 केसर ｛ケーサル kesara｝「サフラン」

केसर केसर

3 खजूर ｛カジュール k^hajūra｝「ナツメヤシ」

खजूर खजूर

4 गाजर ｛ガージャル gājara｝「ニンジン」

गाजर गाजर

5 गुलाब ｛グラーブ gulāba｝「バラ」

गुलाब गुलाब

6 गोभी ｛ゴービー gōb^{h}ī｝「カリフラワー」

गोभी गोभी

7 चमेली ｛チャメーリー camelī｝「ジャスミン」

चमेली चमेली

8 जौ ｛ジャォー jau｝「オオムギ」

जौ जौ

9 टमाटर ｛タマータル ṭamāṭara｝「トマト」

टमाटर टमाटर

10 तिल ｛テイル tila｝ 「ゴマ」

तिल तिल

11 धनिया ｛ダニヤー d^{h}aniyā｝ 「コリアンダー（香草）」

धनिया धनिया

12 नारियल ｛ナーリヤル nāriyala｝ 「ココナッツ」

नारियल नारियल

13 नीबू ｛ニーブー nībū｝ 「ライム、レモン」

नीबू नीबू

14 पपीता ｛パピーター papītā｝ 「パパイヤ」

पपीता पपीता

15 पालक ｛パーラク pālaka｝ 「ホウレンソウ」

पालक पालक

16 पुदीना ｛プディーナー pudīnā｝ 「ミント」

पुदीना पुदीना

17 फल ｛パル p^{h}ala｝ 「果物」

फल फल

18 फूल ｛プール p^{h}ūla｝ 「花」

फूल फूल

19 बादाम ｛バーダーム bādāma｝ 「アーモンド」

बादाम बादाम

20 मटर ｛マタル maṭara｝ 「エンドウ(豆)」

मटर मटर

21 मूली ｛ムーリー mūlī｝ 「ダイコン」

मूली मूली

22 लौकी ｛ラォーキー laukī｝ 「ヒョウタン」

लौकी लौकी

23 सेब ｛セーブ seba｝ 「リンゴ」

सेब सेब

第7課

नौकर ｛ナォーカル naukara̸｝ 「使用人」

नौकरी ｛ナォークリー nauka̸rī｝ 「職、仕事」

1. つづりと発音のずれ

書いた通りに発音され、発音した通りに書かれるのであれば、ここまで学んできた内容でヒンディー語の文字と発音に関する基本的な事項はほぼカバーできたことになります。

漢字などの表意文字は別にして、ラテン文字、インド系文字、アラビア文字などの表音文字は本来音を表すために考案されたはずです。表音文字を使用する言語では、つづりと発音との関係をおおざっぱに以下のように分類できます。

1　つづり　⇔　発音（つづりと発音が完全に一致）
2　つづり　⇒　発音（つづりから発音できても、その逆は無理）
3　つづり　⇐　発音（発音からつづりは書けても、その逆は無理）

インドには、これらすべてのタイプの言語がそろっています。

１のタイプは、デーヴァナーガリー文字で表記されるサンスクリット語です。サンスクリット語などの古典語では、つづりと発音との関係が過不足なく一致しています。

２のタイプは、ヒンディー語をはじめインド系文字で表記される現代のインド語派の諸言語にあてはまります。しかし、発音から唯一の正しいつづりを導き出せる保証はありません。この最大の原因は、子音字に本来含まれているはずの短母音｛a｝が、位置によって、発音されない場合があるからです。

３のタイプは、たとえば、インド語派の言語であっても表記にアラビア文字を採用したウルドゥー語です。アラビア文字は母音の表記を省略するため、つづりだけでは子音の連続になってしまいます。

2. 潜在母音｛ア a｝の有無

単独の子音字に本来含まれている短母音｛ア a｝を、便宜的に、潜在母音と呼ぶことにします。母音記号が付いていない子音字は、語の中で占める位置や前後の環境によって、この潜在母音が発音されたり発音されなかったりします。この現象はとても規則的です。ここではこの規則を、語の中における子音字の位置（語頭、語尾、語中）ごとに分けて示します。特に語中では、発音されたりされなかったりするので注意してください。

#	語の先頭や末尾など語の境界を表します。
｛a｝	発音されない潜在母音を表します。
C	任意の子音を表します。
V	任意の母音を表します。

位置	潜在母音の有無		例
語頭	#Ca-	発音されます。	न ｛ナ na｝（否定辞）、 कला ｛カラー kalā｝「芸術」
語末	-Ca#	発音されません。	अब ｛アブ aba｝「今」、 काम ｛カーム kāma｝「仕事」
語中	-CaCa	直後の子音字の潜在母音が発音されなければ、自身は発音されます。	नमक ｛ナマク namaka｝「塩」
	-CaV	直後に母音字がくれば、発音されます。	वाकई ｛ワーカイー vākaī｝「本当に」
	-CaCV	直後の子音字の母音が発音されれば、自身は発音されません。	परदा ｛パルダー paradā｝「幕」

以上の規則を順に適用していけば、ほとんどのつづりは自動的に発音が導き出されます。例として、मतलब「意味」の発音が｛マトラブ matalaba｝になる過程を下に示します。太字の部分に注意してください。

位置	対象部分	確定部分
語頭（#Ca-）	#**ma**talaba#	#**ma**talaba#
語末（-Ca#）	#matala**ba**#	#**ma**tala**ba**#
語中（-CaCa）	#mata**laba**#	#**ma**ta**laba**#
語中（-CaCV）	#ma**tala**ba#	#**matalaba**#

日本の地名や人名をデーヴァナーガリー文字で表記する場合、この規則に注意してください。インドの人になるべく日本語に近い発音を伝えるためです。例として、人名「ヤマダ」を書こうとした場合の悪い例（×）と良い例（○）を以下に示します。

× यमद ｛ヤマド yamada｝

× यमदा ｛ヤムダー yamadā｝

○ यमादा ｛ヤマーダー yamādā｝

○ यामादा ｛ヤーマーダー yāmādā｝

このように。語中や語末の「カ、サ、タ、ナ、ハ、マ、ヤ、ラ、ワ」は、少し間延びしますが、長母音にすると無難です。

語中の子音字に含まれている潜在母音の発音の有無は、ヒンディー語の名詞や動詞の活用形の正しい発音には必須の知識になります。たとえば語末に２つの子音字（｛C_1a｝と｛C_2a｝）が連続している語（-◌◌）｛-C_1aC_2a｝の場合、長母音で始まる接辞が付くと、

（-◌◌ा）｛-C_1aC_2ā｝

（-◌◌ी）｛-C_1aC_2ī｝

（-◌◌े）｛-C_1aC_2e｝

（-◌◌ो）｛-C_1aC_2o｝

のように、活用前には発音されていた潜在母音｛C_1a｝が発音されなくなり｛C_1a｝となります。

このような変化をする動詞と名詞の活用形の例を示します。

-क-の発音に注意してください　39

निकल	{ニカル nikala}	「出る（動詞語幹）」
निकलना	{ニカルナー nikalanā}	「出る（不定詞）」
निकलता	{ニカルター nikalatā}	「出る（未完了分詞）」
निकला	{ニクラー nikalā}	「出た（完了分詞）」
निकलिए	{ニカリエー nikaliē}	「出てください（命令形）」
निकलो	{ニクロー nikalō}	「出なさい（命令形）」

-र-の発音に注意してください

इमारत	{イマーラト imārata}	「建物（主格・単数）」
इमारतें	{イマールテン imāratẽ}	「建物（主格・複数）」
इमारतों	{イマールトン imāratõ}	「建物（後置格・複数）」

上の -तें {-tẽ}、-तों {-tõ} は、後で学ぶ鼻母音を含んだつづりと発音です（⇒第９課）。

動詞や名詞の活用形ばかりでなく、やはり長母音ではじまる接辞が付加されて作られる派生語の場合も同様です。次にいくつか例を示します。

-ल-の発音に注意してください

गलत	{ガラト galata}	「誤った（形容詞）」
गलती	{ガルティー galatī}	「過ち（名詞）」

-र-の発音に注意してください

अरब	｛アラブ araba｝	「アラブ（名詞）」
अरबी	｛アルビー arabī｝	「アラブの（形容詞）」

-क-の発音に注意してください

नौकर	｛ナォーカル naukara｝	「使用人（名詞）」
नौकरी	｛ナォークリー naukarī｝	「職、仕事（名詞）」

-श-の発音に注意してください

रेशम	｛レーシャム reśama｝	「絹（名詞）」
रेशमी	｛レーシュミー rēśamī｝	「絹製の（形容詞）」

練習問題7 次のようなつづりがあるとします。子音字に含まれる潜在母音の有無に関する規則からは、どのように発音されるでしょうか？

1 क

2 कक

3 ककक

4 कककक

5 ककककक

第8課

बाड़　{バール}　「フェンス、柵（さく）」

बाढ़　{バール}　「洪水」

बार　{バール}　「…回」

बाल　{バール}　「髪の毛」

1. 新しい子音と子音字

デーヴァナーガリー文字にもともとあった33個の子音字（c01 ～ c33）以外に、ヒンディー語ではさらに最大7個の子音字が使われます。これらの子音字は、歴史的に独自に発達した音や、アラビア語、ペルシャ語、英語などからの外来語に含まれる音を表記するために使用されます。文字の形そのものは、発音上近い関係にある既存の文字の下部に点（ヌクター記号）を付加しただけです。新しい子音字の番号は、便宜上、もとの子音字の番号に ' を付けて示します。

辞書における見出し語の配列順では、ヌクター記号の有無を無視しています。

2. 独自に発達した音

独自に発達した音は、弾音（はじき音）と呼ばれているものです。反り舌音 ड（c13）や ढ（c14）のように反り返らせた舌先を瞬間的に前に弾

（はじ）かせて出す「ラ」の音です。無気音と有気音の区別があります。これらの音は、語頭には決してきません。

40

c13’	c14’
ड़	ढ़
｛ラ ṛa｝	｛ラ ṛ^{h}a｝

c13’ ड़ ｛ラ ṛa｝ 無気音。反り舌にした「ラ」の要領。

ड़ ड़ ड़

c14’ ढ़ ｛ラ ṛ^{h}a｝ 有気音。反り舌にした呼気の強い「ラ」の要領。

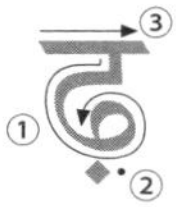

ढ़ ढ़ ढ़

練習問題8-2 つづりと発音の練習をしましょう。

41

1 आड़ू ｛アールー āṛū｝ 「桃」

आड़ू आड़ू

2 घड़ी ｛ガリー g^{h}aṛī｝ 「時計」

घड़ी घड़ी

3 झाड़ू ｛ジャールー j^{h}āṛū｝ 「ほうき」

झाड़ू झाड़ू

4 बढ़ई ｛バライー baṛ^{h}aī｝「大工」

बढ़ई बढ़ई

5 पढ़िए ｛パリエー paṛ^{h}ie｝「勉強してください」

पढ़िए पढ़िए

6 पढ़ो ｛パロー paṛ^{h}o｝「勉強しなさい」

पढ़ो पढ़ो

語末の子音字の発音に注意してください。 42

7 चीड़ ｛チール cīṛa｝「松」

चीड़ चीड़

8 जड़ ｛ジャル jaṛa｝「根」

जड़ जड़

9 पेड़ ｛ペール peṛa｝「木」

पेड़ पेड़

10 बाढ़ ｛バール bāṛ^{h}a｝「洪水」

बाढ़ बाढ़

語のつづりは、過去のある時期の発音を忠実にあらわしていると言われます。そう考えれば、ヒンディー語の語末や語中で現在は発音されない｛a｝も元々は発音されていた母音であったはずです。

独自に発達した音 ड़｛ラ ṛa｝と ढ़｛ラ ṛ^{h}a｝は、それぞれ、現在は発音されなくなった｛ a ｝を含めて母音にはさまれていた ड｛ダ ḍa｝と ढ ｛ダ ḍ^{h}a｝が歴史的に変化したものと考えられています。そのため原則として、現在のヒンディー語には

母音にはさまれた ड や ढ は残っていません。ただし、こうした歴史的な音の変化が落ち着いた後で英語から入ってきた借用語には、母音にはさまれた ड を含む語が例外的にあります。たとえば、सोडा ｛ソーダー soḍā｝「ソーダー」などです。

3. 外来音

c01’	c02’	c03’	c08’	c22’
क़	ख़	ग़	ज़	फ़
｛カ qa｝	｛ハ xa｝	｛ガ ğa｝	｛ザ za｝	｛ファ fa｝

c01’ क़ ｛カ qa｝ 無声・口蓋垂・破裂音。舌の後ろが喉の奥の口蓋垂に接します。「カ」よりさらに舌を奥へ引きいれる要領で、下顎を固定した“奥まった”感じの「カ」。実用上は क ｛カ ka｝（c01）で代用して構いません。

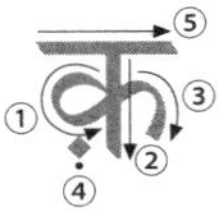

क़ क़ क़

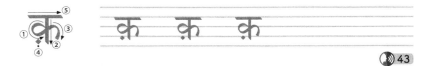

43

c02’ ख़ ｛ハ xa｝ 無声・軟口蓋・摩擦音。うがいの時のように奥舌を軟口蓋の後部に近づけ、その狭い隙間から擦って出す「ハ」の要領。実用上は、破裂音 ख ｛カ kʰa｝（c02）で代用して構いません。

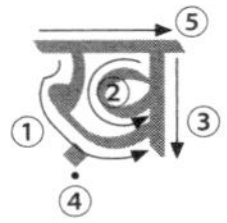

ख़ ख़ ख़

c03' ग़ ｛ガ ğa｝ 有声・軟口蓋・摩擦音。うがいのときのように奥舌を軟口蓋の後部に近づけ、その狭い隙間から擦って出す「ガ」の要領。無声音 ख़（c02'）に対応する有声音です。実用上は、破裂音 ग ｛ガ ga｝（c03）で代用して構いません。

c08' ज़ ｛ザ za｝ 有声・歯茎・摩擦音。｛ザ｝の要領。対応する無声音は स ｛サ sa｝（c32）。

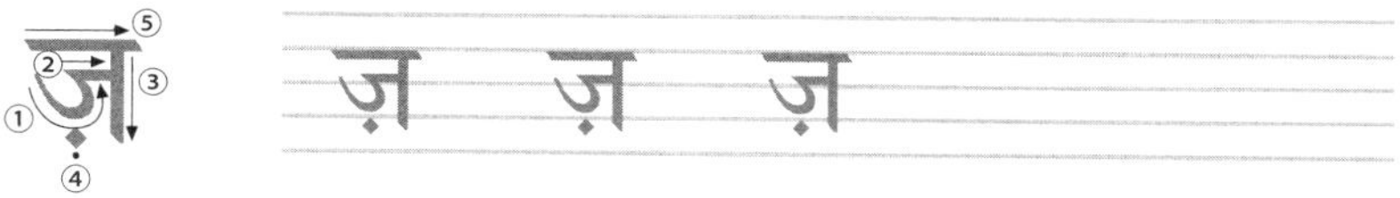

c22' फ़ ｛ファ fa｝ 無声・唇歯・摩擦音。｛ファ｝の要領。対応する有声音は व ｛ヴァ va｝（c29）。

外来音を表すヌクター記号は、必ずしも厳密に付けられてはいません。この理由の一つは、これらの外来語がヒンディー語に完全に同化し、特に外来音であることを明示する必要がないこともあります。またつづりにヌクター記号が付いていても、もとの子音字と区別して発音できる人は多くないことも事実です。この辺の事情は、日本語で「ヴェール」と書いてあっても「ベール」と発音する人が多いのと似ています。一方、話者にイスラム教徒の多いウルドゥー語では、これらの外来音は厳密に使い分けている傾向があります。

本書ではヌクター記号の有無はなるべく区別して表記していますが、実用的な目安としては、ज़（c08'）、फ़（c22'）がしっかり発音できれば問題ありません。

4. 日本人には苦手な子音の発音

ヒンディー語の子音の中に、日本人が苦手な音がいくつかあります。特に「タ」、「ダ」、「ラ」に聞こえる音は、無気音・有気音の区別と反り舌音が組み合わさって、それぞれ4つもあります。

下は、「タ」に聞こえる ट（c11）、ठ（c12）、त（c16）、थ（c17）の例です。

44

टक ｛タク ṭaka｝「見つめること」
ठक ｛タク ṭ^{h}aka｝「トン（擬音）」
तक ｛タク taka｝「…まで」
थक ｛タク t^{h}aka｝「疲れる（動詞語幹）」

次は語末にくる例です。

हट ｛ハト haṭa｝「退く（動詞語幹）」
हठ ｛ハト haṭ^{h}a｝「強情」
हत ｛ハト hata｝「殺害された」
हाथ ｛ハート hāt^{h}a｝「手」

下は、「ダ」に聞こえる ड (c13)、ढ (c14)、द (c18)、ध (c19) の例です。

45

डाल ｛ダール ḍāla｝「投げ入れる（動詞語幹）」

ढाल ｛ダール ḍ^{h}āla｝「鋳造する（動詞語幹）」

दाल ｛ダール dāla｝「ダール豆（のスープ）」

दान ｛ダーン dāna｝「寄進」

धान ｛ダーン d^{h}āna｝「稲」

下は、「ラ」に聞こえる ड़ (c13')、ढ़ (c14')、र (c27)、ल (c28) の例です。

46

कड़ा ｛カラー kaṛā｝「硬い」

कढ़ा ｛カラー kaṛ^{h}ā｝「刺繍（ししゅう）がほどこされた」

करा ｛カラー karā｝「…させる（動詞語幹）」

कला ｛カラー kalā｝「芸術」

次は語末にくる例です。

बाड़ ｛バール bāṛa｝「フェンス、柵（さく）」

बाढ़ ｛バール bāṛ^{h}a｝「洪水」

बार ｛バール bāra｝「…回」

बाल ｛バール bāla｝「髪の毛」

練習問題8-4 つづりと発音の練習をしましょう。ख़ (c02') の発音のカナ表記は、実用を考慮して {ハ} ではなく ख (c02')の発音 {カ} にしてあります。

47

1 क़द {カド qada} 「身長」

क़द क़द

2 इलाक़ा {イラーカー ilāqā} 「地域」

इलाक़ा इलाक़ा

3 ख़बर {カバル xabara} 「ニュース」

ख़बर ख़बर

4 ख़ास {カース xāsa} 「特別な」

ख़ास ख़ास

5 ग़रीब {ガリーブ ğarība} 「貧しい」

ग़रीब ग़रीब

6 शलग़म {シャルガム śalağama} 「蕪(カブ)」

शलग़म शलग़म

7 ज़मीन {ザミーン zamīna} 「土地」

ज़मीन ज़मीन

8 औज़ार {アォーザール auzāra} 「道具」

औज़ार औज़ार

9 हज़ार {ハザール hazāra} 「千」

हज़ार हज़ार

10 फ़ोटो ｛フォートー foṭo｝ 「写真」

फ़ोटो　फ़ोटो

11 फ़ौज ｛ファォージ fauja｝ 「軍隊」

फ़ौज　फ़ौज

語末の子音字の発音に注意してください。 48

12 तलाक़ ｛タラーク talāqa｝ 「離婚」

तलाक़　तलाक़

13 हक़ ｛ハク haqa｝ 「権利」

हक़　हक़

14 चीख़ ｛チーク cīxa｝ 「悲鳴」

चीख़　चीख़

15 तारीख़ ｛ターリーク tārīxa｝ 「日付」

तारीख़　तारीख़

16 दिमाग़ ｛ディマーグ dimāğa｝ 「頭脳」

दिमाग़　दिमाग़

17 आवाज़ ｛アーワーズ āvāza｝ 「声」

आवाज़　आवाज़

18 तरफ़ ｛タラフ tarafa｝ 「方角」

तरफ़　तरफ़

19 साफ़ ｛サーフ sāfa｝ 「清潔な」

साफ़　साफ़

第9課

लू　｛ルー｝　「熱風」

लूँ?　｛ルーン｝　「（私が）取りましょうか？」

1. 鼻母音化記号

ヒンディー語には、母音（現在は母音ではない ऋ｛ṛ｝（c07）、 ॠ｛ṝ｝（c08）を除く）それぞれに対応する鼻母音があります。母音を発音するとき、口だけでなく鼻からも同時に息を出すと鼻母音になります。転写記号では、鼻母音であることを｛˜｝で示します。

デーヴァナーガリー文字では鼻母音であることを、チャンドラ・ビンドゥと呼ばれる鼻母音化記号であらわします。チャンドラ・ビンドゥは、鼻母音化する音節文字（◌）のシローレーカーの上部に、◌ँの要領で付加します。チャンドラ・ビンドゥ「ँ」は、チャンドラ（「月」の意味）「ॅ」とビンドゥ（「点」の意味）「ं」が組み合わさったものです。

シローレーカーの上部に母音文字や母音記号の一部がある場合は、チャンドラを省略し、ビンドゥのみを付けます。

次は、各母音と対応する鼻母音を対照した表です。母音字と母音記号の鼻母音化記号が、チャンドラ・ビンドゥであるのかビンドゥだけなのか、注意してください。

▶転写記号

v01	v02	v03	v04	v05	v06	v07	v08	v09	v10	v11	v12
{a}	{ā}	{i}	{ī}	{u}	{ū}	{r̥}	{r̥̄}	{e}	{ai}	{o}	{au}
{ã}	{ā̃}	{ĩ}	{ī̃}	{ũ}	{ū̃}			{ẽ}	{a͠i}	{õ}	{a͠u}

▶母音字 49

अ	आ	इ	ई	उ	ऊ	ऋ	ॠ	ए	ऐ	ओ	औ
अँ	आँ	इँ	ईं	उँ	ऊँ			एँ	ऐं	ओं	औं

▶母音記号（子音字 क {カ ka} を例に）

क	का	कि	की	कु	कू	कृ	कॄ	के	कै	को	कौ
कँ	काँ	किं	कीं	कुँ	कूँ			कें	कैं	कों	कौं

下は、非鼻母音と鼻母音の違いだけで意味が異なるペアーです。左の番号は母音の番号です。

50

v01 सवारी {サワーリー savārī} 「乗り物」
सँवारी {サンワーリー sãvārī} 「飾られた（女性形）」

v02 सास {サース sāsa} 「義母」
साँस {サーンス sā̃sa} 「呼吸」

v04 आई {アーイー āī} 「（彼女が）来た」
आईं {アーイーン āī̃} 「（彼女たちが）来た」

v05 उगली ｛ウグリー ugalī｝「（彼女が）吐いた」

उँगली ｛ウングリー ũgalī｝「指」

v06 लू ｛ルー lū｝「熱風」

लूँ ｛ルーン lū̃｝「（私が）取りましょうか」

v09 आए ｛アーエー āe｝「（彼が）来るなら」

आएँ ｛アーエーン āẽ｝「（彼らが）来るなら」

v10 है ｛ハェ hai｝「（彼が）いる」

हैं ｛ハェーン ha͠i｝「（彼らが）いる」

v11 माताओ ｛マーターオー mātāo｝「母たちよ（呼びかけ）」

माताओं ｛マーターオーン mātāõ｝「母たち（後置格）」

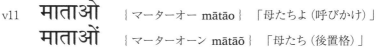

2. 鼻子音とビンドゥ記号

「サンタ (santa)」や「サンポ (sampo)」の発音のように、語中において鼻子音と子音が連続する (-nt- や -mp-) 場合、その鼻子音 (n や m) をビンドゥ記号 ◌ं であらわすことができます。これはちょうどカナ文字の「ン」と同じような働きをします。ビンドゥ記号があらわす鼻子音は、５個の鼻子音のうち、直後に来る子音字と同じ破裂音のグループの鼻子音であると自動的に判定できます (⇒第２課)。

鼻子音をあらわすビンドゥ記号は、鼻母音化記号のビンドゥ記号とまったく同じ形です。転写記号ではビンドゥ記号を｛ṃ｝であらわします。

ビンドゥ記号が鼻母音をあらわすのか、または鼻子音をあらわすのか、判断に迷うことがあります。特に हिंदी「ヒンディー語」のように、シローレーカーの上部に母音記号の一部が出ている場合は、理屈の上では可能性は半々です。また印刷物によっては、シローレーカーの上部に母音文字や母音記骨の一部が出てない場合でも、チャンドラ記号を省略してビンドゥ記号だけで鼻母音化をあらわすことがあるので、やっかいです。発音が表記されている辞書で、そのつど確かめる習慣をつけてください。

ただし語末の文字の上にあるビンドゥ記号は、すべて鼻母音であると判断して結構です。なぜなら直後に子音がないので、鼻子音であるはずがないからです。私が調べた範囲では、例外が2語あります。एवं {エーヴァム evaṃ}「…と…」と स्वयं {スヴァヤム svayaṃ}「自ら」です。いずれもサンスクリット語からの借用語で、この場合のビンドゥ記号は鼻子音 {ム m} と発音されます。

サンスクリット語からの借用語 अंश {アンシュ aṃśa}「部分」、सिंह {シンフ siṃha}「獅子（しし）」、हंस {ハンス haṃsa}「白鳥」などに含まれるビンドゥ記号は、人によって、{ム m} や {ン n} と発音されます。

次に、ビンドゥ記号であらわす鼻子音を含んだ語の例をあげておきます。

51

c05 ङ अंक {アンク aṃka} 「点数」
शंक {シャンク śaṃk^{h}a} 「ほら貝」
गंगा {ガンガー gaṃgā} 「ガンジス河」
संघ {サング saṃg^{h}a} 「組合」

c10 ञ अंचल {アンチャル aṃcala} 「（サリーなどの）すそ」
वांछित {ヴァーンチト vāṃc^{h}ita} 「要望された」
पंजाबी {パンジャービー paṃjābī} 「パンジャービー語」
झंझट {ジャンジャト j^{h}aṃj^{h}aṭa} 「煩わしいこと」

c15 ण घंटा {ガンター g^{h}aṃṭa} 「1時間」
कंठ {カントゥ kaṃṭ^{h}a} 「喉（のど）」
अंडा {アンダー aṃḍā} 「卵」
मंढा {マンダー maṃḍ^{h}ā} 「天蓋（てんがい）」

c20 न अंत {アント aṃta} 「最後」
मंथन {マンタン maṃt^{h}ana} 「攪拌（かくはん）」
हिंदी {ヒンディー hiṃdī} 「ヒンディー語」
धंधा {ダンダー d^{h}aṃd^{h}ā} 「職業」

c25 म परंपरा {パランパラー paraṃparā} 「伝統」
गुंफित {グンピト guṃp^{h}ita} 「からみついた」
मुंबई {ムンバイー muṃbaī} 「ムンバイー（旧ボンベイ）」
आरंभ {アーランブ āraṃb^{h}a} 「開始」

第10課

नमस्कार	ナマスカール	「こんにちは」
कम्प्यूटर	カムピュータル	「コンピュータ」

この課では、子音のみを表記する方法や子音の連続を表記する方法について説明します。

1. ハル記号

単独の子音字は母音｛ア a｝(v01) を含んでいるので、そのままでは子音のみをあらわすことができません。強制的に子音のみを発音させるには、子音字（◌）の下にハル記号◌्を付加します。子音字 क (c01) と ख (c02) と、それぞれにハル記号がついたものを示します。

क 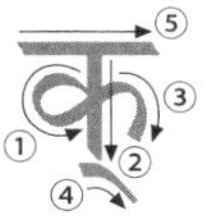

ख 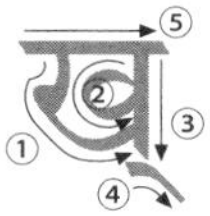

サンスクリット語からの借用語には、次のように語末にハル記号が付いたものがあります。

52

अवाक्	｛アヴァーク avāk｝	「呆然(ぼうぜん)と声もなく」
जगत्	｛ジャガト jagat｝	「世界」
बलवान्	｛バルヴァーン balavān｝	「強力な」
विराट्	｛ヴィラート virāṭ｝	「壮大な」

しかしこれらの語は、最近ハル記号を付けないつづりで書かれることが多くなっています。たとえば अवाक、जगत、बलवान、विराट など。その理由は、ヒンディー語の語末子音字に含まれる｛ア a｝は、潜在母音の発音に関する規則（⇒第７課）によってもともと発音されないため、ハル記号を付けようと付けまいと同じ発音になってしまうからです。また一般の人は語源などを意識しませんから、本来は付けるべきハル記号を無視する傾向にいっそう拍車がかかっています。こうした傾向をなげく識者もいないではありません。

このように本来あるべきハル記号がなくても、実用上あまり不便はありませんが、जगत्｛ジャガト jagat｝「世界」とजगत｛ジャガト jagata｝「井戸を囲んで盛り上げて築かれた台」のように、発音は同じでも、厳密にはつづりが違う語が区別できなくなることもまれにあります。

日本語の「カン」などの「ン」は、ハル記号を使用してन्｛ン n｝と表せます。

2. 半子音字

ハル記号以外にも、子音のみを表す方法があります。それは、子音字の最後の書き順を省略した字形である半子音字です。

半子音字の字形を理解するために、まず次の表を見てください。この表は、すべての子音字について、縦棒が含まれているかいないか、また含まれていれば書き順の最後か途中か、を基準に３つに分類したものです。

文字に縦棒が含まれているか	いる	1. 書き順の最後	ख, ग, घ, च, ज, झ, ञ, ण, त, थ, ध, न, प, ब, भ, म, य, ल, व, श, ष, स
		2. 書き順の途中	क, फ
	3. いない		ङ, छ, ट, ठ, ड, ढ, द, र, ह

以下、それぞれに分類された子音字について説明します。

1. 書き順の最後に縦棒がある子音字は、この縦棒を省略すると半子音字になります。たとえば、ख ｛$k^h a$｝（c02）は ख् ｛k^h｝、ग ｛ga｝（c03）は ग् ｛g｝の要領です。この分類に含まれる子音字が一番多いです。

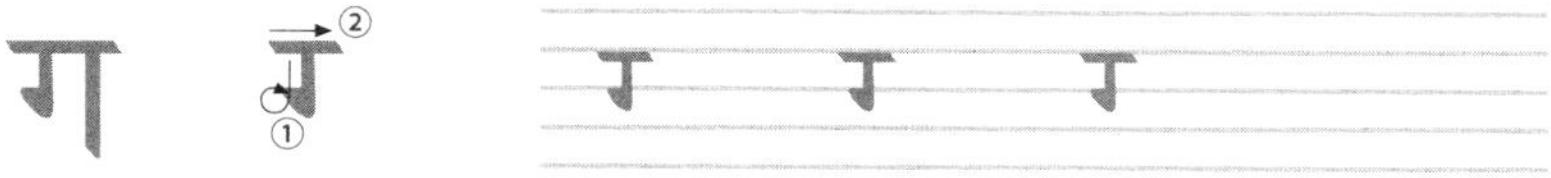

2. 書き順の途中に縦棒がある子音字は、元の子音字がわかる程度に書き順の最後を省略します。क ｛ka｝（c01）は क् ｛k｝、फ ｛$p^h a$｝（c22）は फ् ｛p^h｝とします。省略しすぎて、それぞれ व ｛va｝（c29）、प ｛pa｝（c21）にならないように注意してください。この分類に含まれる子音字は２つだけです。

3. 書き順に縦棒がない子音字からは、半子音字が作れません。そのため子音だけを表すには、子音字にハル記号を付加するしかありません。唯一の例外は、र ｛ラ ra｝（c27）です。この半子音字に相当する記号をレーパと呼びますレーパは直後にくる子音字（◌）の上に書かれ、◌र्となります。गर्म ｛ガルム garma｝「暑い」とगर्मी ｛ガルミー garmī｝「暑さ」を例に、書き順を示します。

र्म や र्मी のようにレーパを使用した結合文字は、ヒンディー語では語頭に来ません。そのため、日本語の「料理（ryori）」を र्योरि とつづるのは不自然です。もともとヒンディー語には「リョ」という発音はないので、インド人が発音しやすいように रियोरि ｛リヨーリ riyori｝と書く方をお勧めします。（同じデーヴァナーガリー文字を使用するマラーティー語やネパール語では、特別な結合文字を用いて、ऱ्योरि と書いて「リョーリ」と読ませることができます。）

半子音字は、語末では使用できません。したがって、जगत् ｛ジャガト jagat｝「世界」を、जगत のようにつづることは誤りです。

半子音字は、र्म のように、直後に来る子音字と一体となって結合文字と呼ばれる合成文字の一部となってはじめて使うことができます。

3. 半子音字を使用する結合文字

子音の連続を特に表すために使用される文字を、結合文字と呼びます。二つの連続する子音を C_1 と C_2、母音を V とすると、結合文字は C_1C_2V の形式をしています。結合文字の大部分は、半子音字（C_1）と子音字（C_2）の組み合わせです。たとえば क の半子音字 क् と子音字 य が連結してできる結合文字は、क्य ｛キャ kya｝となります。（古典語サンスクリット語などでは、やや古風な結合文字 क्य も使われています。）

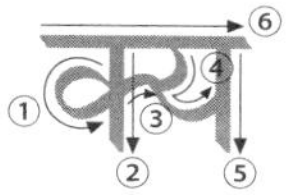

半子音字と子音文字が組み合わさった結合文字は、視覚的には２つの独立した要素に分けて捉えがちですが、文字の単位としては一つの音節文字とみなされます。母音記号の付き方は、結合文字全体を一つの子音字とみなして、子音字に付く場合と同じです。

たとえば टैक्सियाँ ｛タェークスィヤーン ṭaiksiyā̃｝「タクシー（複数）」という語には、結合文字 क्सि ｛ksi｝が含まれています。結合文字 क्सि は、結合文字 क्स ｛クサ ksa｝に母音記号 ि◌ が付いた形です。क्सि を分解して、क्‌सि などと書いてはいけません。

練習問題10-3　結合文字を含むつづりと発音の練習をしましょう。

53

1　क्या　｛キャー kyā｝　「何」

क्या　क्या

2　रिक्शा　｛リクシャー rikśā｝　「人力車」

रिक्शा　रिक्शा

3　ख्याति　｛キャーティ k^{h}yāti｝　「名声」

ख्याति　ख्याति

4　अग्नि　｛アグニ agni｝　「火」

अग्नि　अग्नि

5　विघ्न　｛ヴィグヌ vig^{h}na｝　「障害」

विघ्न　विघ्न

6　अच्छा　｛アッチャー acc^{h}ā｝　「良い」

अच्छा　अच्छा

7　ज्वालामुखी　｛ジュワーラームキー jvālāmuk^{h}ī｝　「火山」

ज्वालामुखी　ज्वालामुखी

8　अण्डा　｛アンダー aṇḍā｝　「卵」

अण्डा　अण्डा

9　त्याग　｛ティヤーグ tyāga｝　「放棄」

त्याग　त्याग

10　ध्यान　｛ディヤーン d^{h}yāna｝　「注目」

ध्यान　ध्यान

11 अन्त ｛アント anta｝ 「最後」

अन्त अन्त

12 प्यास ｛ピャース pyāsa｝ 「渇き」

प्यास प्यास

13 फ़्यूज़ ｛フューズ fyūza｝ 「ヒューズ」

फ़्यूज़ फ़्यूज़

14 शब्द ｛シャブド śabda｝ 「語」

शब्द शब्द

15 मुम्बई ｛ムンバイー mumbaī｝ 「ムンバイー（旧ボンベイ）」

मुम्बई मुम्बई

16 शय्या ｛シャイヤー śayyā｝ 「寝台」

शय्या शय्या

17 गर्म ｛ガルム garma｝ 「暑い」

गर्म गर्म

18 व्यापार ｛ヴャーパール vyāpāra｝ 「商売」

व्यापार व्यापार

19 कृष्ण ｛クリシュン kr̥ṣṇa｝ 「クリシュナ神」

कृष्ण कृष्ण

20 स्नान ｛スナーン snāna｝ 「沐浴（もくよく）」

स्नान स्नान

語中に結合文字がある場合（子音が連続している場合）、子音連続の前後にある潜在母音｛ア a｝は発音されます。

54

21 परम्परा ｛パラムパラー paramparā｝「伝統」

परम्परा परम्परा

22 नमस्कार ｛ナマスカール namaskāra｝「こんにちは」

नमस्कार नमस्कार

23 नम्बर ｛ナムバル nambara｝「番号」

नम्बर नम्बर

4. 半子音字を使用しない結合文字

結合文字の中には、半子音字を使用しない独特の形をもっているものもあります。大きく3つのタイプに分類できます。

1. 子音連続（C_1C_2）の2番目（C_2）が｛r｝の場合：先頭の子音（C_1）を表す子音字の下部に、ग्र｛グラ gra｝、प्र｛プラ pra｝の要領で斜めの棒を引きます。この場合、先頭の子音（C_1）の半子音字を使用した形であるग्र、प्रと書いてはいけません。

先頭の子音（C_1）が反り舌音の場合は、ट्र｛トラ ṭra｝、ड्र｛ドラ ḍra｝の要領で、斜めの棒が「へ」を左右逆向きにした形になります。

त्र {トラ tra}、श्र {シュラ śra} などは、先頭の子音（C_1）を表す子音字もやや違う形になります。

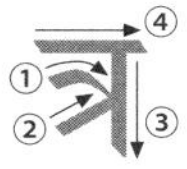

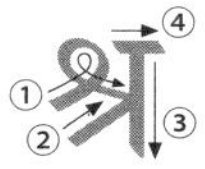

2. 縦に子音文字を並べる結合文字：ङ्ग {ṅga}、ञ्ज {ñja}、ट्ट {ṭṭa}、ड्ड {ḍḍa} などの要領です。また、द्ध {ddʰa}、द्व {dva} なども、上下に子音字が並んでいると言えるでしょう。

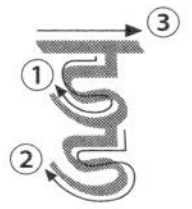

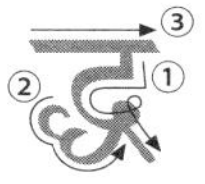

子音字が縦に連なる結合文字は、伝統的でもありやや複雑な字形である分、現在のヒンディー語では古風な感じを与えるようです。手書きや一部の印刷物では、使用を避ける傾向もあります。その代わりに、ङ्ग {ṅga} や ञ्ज {ñja} のように先頭の子音が鼻子音の場合は、ビンドゥ記号（⇒第9課）を使用した字形、◌ंग {ṃga} や ◌ंज {ṃja} が用いられます。また鼻子音以外の場合は、先頭の子音を表す子音字にハル記号を付けて書くことも行われています。たとえば、ड्ड {ḍḍa}、द्ध {ddʰa} は、それぞれ ड्‌ड、द्‌ध の要領です。

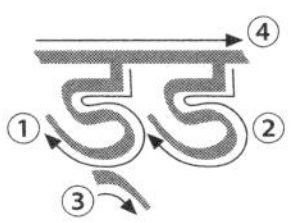

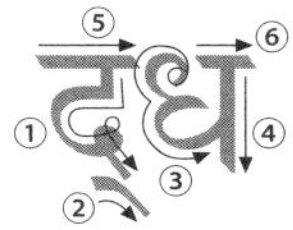

3. 例外的な結合文字：このタイプの結合文字は、もとの子音字の原形がわかりにくい形をしています。ヒンディー語でよく使用されるものは、क ｛カ ka｝（c01）の子音と ष ｛シャ ṣa｝（c31）が結合した क्ष ｛クシャ kṣa｝、ज ｛ジャ ja｝（c08）の子音と ञ ｛ニャ ña｝（c10）が結合した ज्ञ ｛jña｝ です。ヒンディー語では結合文字 ज्ञ の発音は、サンスクリット語のように「ジュニャ」ではなく、ग्य ｛ギャ gya｝と書かれた場合と同じ発音「ギャ」になります。

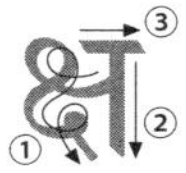
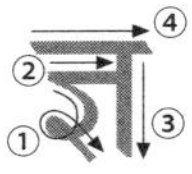

上記以外に、क्त ｛クタ kta｝、त्त ｛ッタ tta｝ などもよく使います。

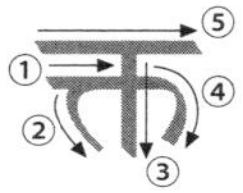
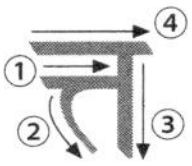

練習問題10-4 結合文字を含むつづりと発音の練習をしましょう。

55

1 अड्डा ｛アッダー aḍḍā｝ 「基地」

अड्डा अड्डा

2 अन्तर ｛アンタル antara｝ 「違い」

अन्तर अन्तर

3 क्रिया ｛クリヤー kriyā｝ 「動詞」

क्रिया क्रिया

4 क्षेत्र ｛クシェーットル kṣetra｝ 「分野」（発音⇒第13課§4の6）

क्षेत्र क्षेत्र

5 गङ्गा ｛ガンガー gaṅgā｝ 「ガンジス河」

गङ्गा गङ्गा

6 खट्टा ｛カッター k^haṭṭā｝ 「酸っぱい」

खट्टा खट्टा

7 ज्ञान ｛ギャーン jñāna｝ 「知識」

（｛ジュニャーン｝とならないように）

ज्ञान ज्ञान

8 ड्रामा ｛ドラーマー ḍrāmā｝ 「ドラマ」

ड्रामा ड्रामा

9 द्वार ｛ドワール dvāra｝ 「ドア」

द्वार द्वार

10 पञ्जाबी ｛パンジャービー pañjābī｝「パンジャービー語」

पञ्जाबी　पञ्जाबी

11 प्रेम ｛プレーム prema｝「愛」

प्रेम　प्रेम

12 बुद्धि ｛ブッディ budd^{h}i｝「知性」

बुद्धि　बुद्धि

13 ब्रा ｛ブラー brā｝「ブラジャー」

ब्रा　ब्रा

14 श्रद्धा ｛シュラッダー śradd^{h}ā｝「信仰」

श्रद्धा　श्रद्धा

15 स्मृति ｛スムリティ smr̥ti｝「思い出」

स्मृति　स्मृति

16 स्रोत ｛スロート srota｝「源泉」

स्रोत　स्रोत

5. 結合文字とビンドゥ記号

子音連続（C_1C_2）をあらわす場合、最初の子音（C_1）が鼻子音であれば、すでに学んだように二通りの表記法があります。結合文字と鼻子音記号（⇒第９課）です。もちろん発音は同じです。

鼻子音	結合文字	鼻子音記号	意味
ङ (c05)	गङ्गा {ガンガー gaṅgā}	गंगा {gaṃgā}	ガンジス河
ञ (c10)	पञ्जाबी {パンジャービー pañjābī}	पंजाबी {paṃjābī}	パンジャービー語
ण (c15)	ठण्डा {タンダー $ṭ^h$aṇḍā}	ठंडा {$ṭ^h$aṃḍā}	冷たい
न (c20)	हिन्दी {ヒンディー hindī}	हिंदी {hiṃdī}	ヒンディー語
म (c25)	मुम्बई {ムンバイー mumbaī}	मुंबई {muṃbaī}	ムンバイー(旧ボンベイ)

56

実際にはどちらのつづりも使われていますが、ヒンディー語の辞書の見出し語には、ビンドゥ記号を含むつづりを出すのが慣習となっています。一方サンスクリット語の辞書では、普通、結合文字を含むつづりが見出し語になります。

ただし同じ鼻子音が連続する場合は、鼻子音記号は使わず、結合文字でのみ表します。

57

अक्षुण्ण {アクシュンヌ akṣuṇṇa} 「完全無欠な」(अक्षुंणではなく)
सन्नाटा {サンナーター sannāṭā} 「静寂」(संनाटाではなく)
मरम्मत {マランマト marammata} 「修理」(मरंमत ではなく)

練習問題10-5

ビンドゥ記号を用いた次の各語を、結合文字に書き換えてください。右には途中までのつづりをあげてあります。 58

1	अंगूर	｛アングール aṃgūra｝	「ブドウ」	अ
2	अंचल	｛アンチャル aṃcala｝	「(サリーなどの) すそ」	अ
3	अंजीर	｛アンジール aṃjīra｝	「イチジク」	अ
4	अंडा	｛アンダー aṃḍā｝	「卵」	अ
5	अंतर	｛アンタル aṃtara｝	「違い」	अ
6	कंघी	｛カンギー kaṃg^{h}ī｝	「櫛(くし)」	क
7	कंधा	｛カンダー kaṃd^{h}ā｝	「肩」	क
8	कुंजी	｛クンジー kuṃjī｝	「鍵」	कु
9	कुंठा	｛クンター kuṃṭ^{h}ā｝	「欲求不満」	कु
10	ग्रंथ	｛グラント graṃt^{h}a｝	「書物」	ग्र
11	घंटा	｛ガンター g^{h}aṃṭā｝	「1時間」	घ
12	झंझट	｛ジャンジャト j^{h}aṃj^{h}aṭa｝	「煩わしいこと」	झ
13	नंबर	｛ナンバル naṃbara｝	「番号」	न
14	परंपरा	｛パランパラー paraṃparā｝	「伝統」	प
15	वांछित	｛ワーンチト vāṃc^{h}ita｝	「要望された」	वा
16	शंका	｛シャンカー śaṃkā｝	「疑念」	श
17	संभव	｛サンバヴ saṃb^{h}ava｝	「可能な」	स
18	सुंदर	｛スンダル suṃdara｝	「美しい」	सु

6. 3つ以上の子音連続をあらわす結合文字

3つ以上の子音連続を表す結合文字もあります。しかし基本的には、今まで説明してきた2つの子音連続をあらわす結合文字の応用です。また、ヒンディー語では4つ以上の子音連続を含む語はまずありません。下の語に含まれる結合文字の形を分析してみてください。

59

1 कम्प्यूटर ｛カンピュータル kampyūṭara｝ 「コンピュータ」

2 केन्द्र ｛ケーンドル kendra｝ 「中央」

3 राष्ट्र ｛ラーシュトル rāṣṭra｝ 「国家」

4 सूक्ष्म ｛スークシュム sūkṣma｝ 「微細な」

5 स्क्रू ｛スクルー skrū｝ 「スクリュー」

6 स्त्री ｛ストリー strī｝ 「女」

結合文字の先頭が鼻子音である कम्प्यूटर と केन्द्र は、それぞれ鼻子音記号を使用して कंप्यूटर ｛カンピュータル kaṃpyūṭara｝、केंद्र ｛ケーンドル keṃdra｝と書くこともできます。

結合文字の形は近年ゆれがあるものがあり、二つの子音字が融合した伝統的な字形と半子音字と子音字を組み合わせた簡便な字形があります。たとえば「信者」を意味する語のつづりは、伝統的なつづり भक्त ｛バクト b^{h}akta｝に対し半子音字を使った簡便なつづり भक्त もよく使われます。ちなみにこの語について、後者の簡便なつづりでは「敬虔（けいけん）さ」が薄れる気がすると言った年配のインド人がいました。

7. 外来語の表記のゆれ

本来デーヴァナーガリー文字で書かれていない外来語がヒンディー語に借用された場合、つづりはどうなるのでしょう。

デーヴァナーガリー文字で表記される外来語は、基本的には（インド人の耳に聞こえる）音に従って忠実につづられています。ただし語末が子音で終わっていても、ハル記号は付けません。語末の子音字の潜在母音｛ア a｝は、もともと発音されないからです（⇒第７課)。別の見方をすると、現在の外来語のつづりは、語末の子音字の潜在母音が発音されなくなった時代以降のものと言えるかもしれません。

外来語のつづりで特に問題となるのは、語中に子音連続がある場合です。子音連続を表記する可能性としては、１）結合文字としてつづる、２）語中の子音字の潜在母音が発音されない規則（⇒第７課）を応用して子音文字を並べてつづる、の二通りあります。

現実にはこれら二通りのつづりが可能な場合が多く、外来語の表記の「ゆれ」の原因となっています、大部分のヒンディー語の辞書は、いずれか片方しか載せていません。したがって、探しているつづりが辞書に見つからないときは、もう一つの可能なつづりも探す必要があります。

次に、こうした二通りのつづりをもつ外来語の例をあげておきます。(　)の中に矢印←で語源を表します。(←アラビア語）とあるのは、実際はペルシア語を介した場合がほとんどと考えられ、(←ペルシア語←アラビア語）ともすべきですが煩瑣（はんさ）を避けるため簡略にしました。

1 अक्सर　अकसर　「しばしば」（←アラビア語）　60

｛アクサル aksara｝｛akasara｝

2 इन्सान　इनसान　「人間」（←アラビア語）

｛インサーン insāna｝｛inasāna｝

3 कुर्सी　कुरसी　「椅子」（←アラビア語）

｛クルスィー kursī｝｛kurasī｝

4 बिल्कुल　बिलकुल　「まったく」（←アラビア語）

｛ビルクル bilkula｝｛bilakula｝

5 कुर्ता　कुरता

「クルター（襟無しのゆったりした上着）」（←ペルシア語）

｛クルター kurtā｝｛kuratā｝

6 गर्मी　गरमी　「熱」（←ペルシア語）

｛ガルミー garmī｝｛garamī｝

7 फ़ुर्सत　फ़ुरसत　「暇（ひま）」（←ペルシア語）

｛フルサト fursata｝｛furasata｝

8 अँग्रेज़　अँगरेज़　「英国人」（←ポルトガル語）

｛アングレーズ ãgreza｝｛ãgareza｝

9 पाद्री　पादरी　「神父」（←ポルトガル語）

｛パードリー pādrī｝｛pādarī｝

10 जर्मन　जरमन　「ドイツの」（←英語）

｛ジャルマン jarmana｝｛jaramana｝

11 डिग्री　डिगरी　「学位」（←英語）

｛ディグリー ḍigrī｝｛ḍigarī｝

練習問題10-7 次の語の意味を調べようと辞書をひいてみましたが、見出し語には見つかりませんでした。発音は同じであることを手がかりに、別の見出し語として載っている可能性のあるつづりを書いてください。 61

1 अर्सा ｛アルサー arsā｝ 「期間」(←アラビア語) अ

2 तस्वीर ｛タスヴィール tasvīra｝ 「絵」(←アラビア語) त

3 गर्दन ｛ガルダン gardana｝ 「首」(←ペルシア語) ग

4 पर्दा ｛パルダー paradā｝ 「幕」(←ペルシア語) प

5 गिर्जा ｛ギルジャー girjā｝ 「教会」(←ポルトガル語) गि

6 कार्बन ｛カールバン kārbana｝ 「炭素」(←英語) का

7 पार्सल ｛パールサル pārsala｝ 「小包」(←英語) पा

前後の環境によって語中の子音字の潜在母音が発音されない「仕掛け」は、逆に、借用された外来語に本来ある短母音 ｛ア a｝も自動的に消してしまう（｛a｝）ことがあります。

英語からの借用語の例をあげると、सिगरेट ｛スィグレート sigareṭa｝「煙草」(←cigarette) や इटली ｛イトリー iṭalī｝「イタリア」(←Italy) などがあります。こういう知識は、インド人の英語を聞き取る時やインド人にわかりやすい英語を話す時にも役立ちます。

第11課

वताशीवा इंदोजिन् देसु

ワターシーワー　インドージン　デース

इंदोए इकिमाशो

インドーエー　イキマーショー

1. 日本語をデーヴァナーガリー文字で書く

あなたがカナや漢字を読めないインド人と知り合ったとします。彼あるいは彼女は片言の日本語を即席に覚えたい、または日本の特定の地名や人名の発音を知りたいとします。デーヴァナーガリー文字は、お互いに知っているという前提です。

このような場合、英語を表記するローマ字（ラテン文字）は、必ずしも有効ではありません。普通のインド人は、ローマ字のつづりを見ると、英語を読むような気持ちになるからです。つまり、日本人はローマ字をそのまま読む（ヘボン式）傾向があるのに対し、インド人は英語のつづりとして読もうとします。たとえば、多くの日本人は観光地としても有名なBenaresを「ベナレス」と読みますが、この発音では英国人やアメリカ人はもちろんインド人にも通じません。

英語はつづりと発音との関係が少しややこしい言語です。しかし英語を母語とする人が初等教育で学ぶフォニックス（phonics）と呼ばれるつづりから発音を導き出す規則を知っていれば、比較的簡単に正しい発音ができるようになります。ちなみに、Benaresをこの規則で発音すると、英語辞書にもある通り、ヒンディー語の बनारस ｛バナーラス banārasa｝に ほぼ近くなります。ちなみに「ベナレス」の現在の正式名称は、वाराणसी ｛ワーラーンスィー vārāṇasī｝です。

ニュースなどで日本に伝えられるインドの人名や地名は、インド人が知ったら首をかしげるものが多くあります。おそらく英字新聞に載っているローマ字のつづりを、日本人記者が無邪気にローマ字読みしているのではないでしょうか。

こうしたことを考えると、デーヴァナーガリー文字を知っている日本人とインド人の間では、むしろデーヴァナーガリー文字のほうが正確に発音を伝えられて便利です。ただし、英語におけるフォニックスに相当する、子音字の潜在母音に関する規則（⇒第７課）に留意してください。

日本語をデーヴァナーガリー文字表記することは、カナ文字をそのまま変換するのではなく、日本語の発音をデーヴァナーガリー文字（のつづり）でなるべく近い発音になるように書くことです。まず発音に忠実なヘボン式ローマ字に直してから、それをデーヴァナーガリー文字に変換するのがこつです。

次のページに、五十音図をもとに濁音、半濁音を含んだカナ文字に対応するデーヴァナーガリー文字を配置した表を示します。右側は対応する拗音（ようおん）です。

子音で始まるカ行以降のア段「カガサ…」などは、子音字に長母音｛アー ā｝を表す母音記号を付けて「カーガ－サー…」の要領で示してあります。これは、語頭を除けば、子音字に含まれている潜在母音｛ア a｝が発音される保証がないからです（⇒第７課）。

表では、有気音は一切使用していません。

本書では、タ行とダ行は、比較的発音が近いということで、ヒンディー語の歯・破裂音を割り当てています。ヒンディー語の印刷物では、英語経由で入った日本の固有名詞は反り舌・破裂音で表記されていることが多いです。たとえば「東京」は、**टोक्यो**｛トーキョー ṭokyo｝と **तोक्यो**｛トーキョー tokyo｝の両方の表記があります。

	ア	イ	ウ	エ	オ	ャ	ュ	ョ
ア行	अ	इ	उ	ए	ओ			
カ行	का	कि	कु	के	को	क्या	क्यु	क्यो
ガ行	गा	गि	गु	गे	गो	ग्या	ग्यु	ग्यो
サ行	सा	शि	सु	से	सो	शा	शु	शो
ザ行	ज़ा	जि	ज़ु	ज़े	ज़ो	जा	जु	जो
タ行	ता	चि	त्सु	ते	तो	चा	चु	चो
ダ行	दा	जि	ज़ु	दे	दो	जा	जु	जो
ナ行	ना	नि	नु	ने	नो	न्या	न्यु	न्यो
ハ行	हा	हि	फ़ु	हे	हो	ह्या	ह्यु	ह्यो
バ行	बा	बि	बु	बे	बो	ब्या	ब्यु	ब्यो
パ行	पा	पि	पु	पे	पो	प्या	प्यु	प्यो
マ行	मा	मि	मु	मे	मो	म्या	म्यु	म्यो
ヤ行	या		यु		यो			
ラ行	रा	रि	रु	रे	रो	र्‌या (रिया)	र्‌यु (रियु)	र्‌यो (रियो)
ワ行	वा							
ン	न्							

ラ行の（　）内はインド人の発音の便を優先したつづりです。

練習問題11-1a 次の日本の地名をデーヴァナーガリー文字で書いてみましょう。

1 横浜	2 千葉	3 甲府	4 大阪	5 静岡
6 青森	7 秋田	8 新潟	9 鹿児島	10 高知

練習問題11-1b {ン} が含まれている次の日本語をデーヴァナーガリー文字で書いてみましょう。語中の {ン} は、ビンドゥ記号か結合文字で表記してください。

1 天気	2 半額	3 産地	4 漢字	5 反対
6 仙台	7 万難	8 散歩	9 販売	10 新米

練習問題11-1c 拗音「ャュョ」が含まれている次の日本語をデーヴァナーガリー文字で書いてみましょう。「チャ」、「シャ」、「ジャ」はそれぞれ、子音字 च {チャ ca}、श {シャ śa}、ज {ジャ ja} で表せます。

1 今日	2 東京	3 京都	4 産業	5 牛肉
6 行事	7 収入	8 病気	9 微妙	10 百
11 朝刊	12 尺八	13 表情	14 流行	15 旅行

練習問題11-1d 促音「ッ」が含まれている次の日本語をデーヴァナーガリー文字で書いてみましょう。一部、拗音も含まれています。促音は二つの同じ子音が連続する発音ですから、結合文字で書きます。

1 学校	2 血管	3 発着	4 出張	5 納得
6 ベッド	7 抜本	8 発表	9 仏法	10 八歳

練習問題11-1e 次の日本語の文をデーヴァナーガリー文字で書いてみましょう。カナ文字にとらわれず、発音を移しかえることに注意してください。読みやすいように句読点を入れてあります。

1 私は、学校で、日本語を、勉強して、います。

2 今年は、ぜひ、インドへ、行きたい。

3 富士山に、登ったことが、ありますか？

4 英語と、ヒンディー語は、どちらが、むずかしいですか？

5 あの映画を、もう一度、見たいね。

専門用語などのためのサンスクリット語からの借用語を別にすれば、本来のヒンディー語の語尾は短母音で終わることは原則ありません。ほとんどの語は、長母音または子音で終わります。したがって、日本語のデーヴァナーガリー文字表記に関しても、実際の発音とはややずれてしまうことを承知の上で語尾を長母音にすると、インド人には発音しやすいようです。覚えてもらうことを優先するか、日本語の「正しい」発音にこだわるか、迷うところです。

第12課

काफ़ी शाप　「かなりの呪い」
カーフィー　シャープ

कॉफ़ी शॉप　「喫茶店」
コフィー　ショプ

1. チャンドラ記号

（英国）英語からの借用語、たとえばcoffeeやdoctorに含まれるいわゆる「広いオ」（国際音声記号では［ɔ］）は、ヒンディー語では長母音 ◌ा ｛アー ā｝で表わすのが普通です。このつづりにあえてチャンドラ記号をそえて ◌ॉ で表したり、意識的に［ɔ］（広く口を開けた「オ」）と発音したりすることもあります。英語語源を意識したこの発音は、やや気取った発音になります。実用上は、チャンドラ記号の無いつづりとその発音（ ◌ा ｛アー ā｝）で問題はありません。最近はチャンドラ記号をそえたつづりが多く見られます。

62

ऑफ़िस（आफ़िस ｛アーフィス āfisa｝）「オフィス（office）」
कॉपी（कापी ｛カーピー kāpī｝）「コピー（copy）」
कॉफ़ी（काफ़ी ｛カーフィー kāfī｝）「コーヒー（coffee）」
डॉक्टर（डाक्टर ｛ダークタル ḍākṭara｝）「医者（doctor）」
डॉलर（डालर ｛ダーラル ḍālara｝）「ドル（dollar）」
पॉकेट（पाकेट ｛パーケト pākeṭa｝）「ポケット（pocket）」

लॉटरी（लाटरी｛ラートリー lāṭarī｝）「宝くじ（lottery）」
लॉन（लान｛ラーン lāna｝）「芝生（lawn）」
शॉप（शाप｛シャープ śāpa｝）「ショップ（shop）」
हॉकी（हाकी｛ハーキー hākī｝）「ホッケー（hockey）」
हॉल（हाल｛ハール hāla｝）「ホール（hall）」

チャンドラ記号を省略したつづりは、もともとチャンドラ記号のないつづりと衝突することがまれにありますので注意しましょう。たとえば、कॉफ़ी शॉप「喫茶店（coffee shop）」が、काफ़ी शाप「かなりの呪い」となるような場合です。

2. ヴィサルガ記号

コロン（：）のような記号 ः｛ḥ｝が、サンスクリット語からの借用語に含まれていることがあります。これはヴィサルガ記号で、ヒンディー語では子音文字 ह｛ハ ha｝（c33）の要領で発音します。ヴィサルガ記号を含む語は、-तः、-शः などの形で終わる副詞や接続詞がほとんどです。

63

अंततः ｛アントタハ aṃtataḥ｝「最後に」
अंशतः ｛アンシュタハ aṃśataḥ｝「部分的に」
अक्षरशः ｛アクシャルシャハ akṣaraśaḥ｝「一字一句そのまま」
अतः ｛アタハ ataḥ｝「したがって」
क्रमशः ｛クラムシャハ kramaśaḥ｝「順番に」
शब्दशः ｛シャブドシャハ śabdaśaḥ｝「そっくり言葉通りに」

サンスクリット語からの借用語以外で、唯一例外的にヴィサルガ記号を使用する語は、数詞の छः「6」です。これは छह と書いても同じです。ただし発音は｛チェ c^{h}aha｝となります（⇒第14課）。

3. アヴァグラハ記号

サンスクリット語のみに使用されるアヴァグラハ記号（ऽ）が、ときどきヒンディー語の文の中で、本来の用法とはまったく違う使い方をすることがあります。

たとえば、बचाओ!｛バチャーオー bacāo｝「助けて！」などの後にアヴァグラハ記号を付けて、बचाओऽ! などとします。これは、「助けてー！」のように日本語の音引きと同じ効果を出します。コミックなどでは、बचाओऽऽऽのように重ねて使われることもあります。

第13課

चाय　チャーエ　「お茶」

गाँव　ガーオン　「村」

この課では、より自然な発音を身につけるために、やや例外的なつづりと発音の関係を説明しましょう。例外にもそれなりに規則性があります。主に首都のあるデリーの周辺でよく耳にする発音を中心に説明します。

1. 文字ह｛ハ ha｝の発音

1. 語中の -ह- の直前に母音記号の付かない子音字（◌）がくる場合（◌ह-)、その子音字の潜在母音｛ア a｝は、軽く短母音「エ」に聞こえます。また、-ह- 自身の潜在母音｛ア a｝も、消えない場合、軽く短母音「エ」に聞こえます。

कहना　｛ケヘナー kahⱥnā｝「言う」　64

（「カヘナー」という発音もあります）

पहनना　｛ペヘンナー pahanⱥnā｝「着る」

（「パヘンナー」という発音もあります）

2. 語末の -ह｛-hⱥ｝は、ほとんど聞こえません。

जगह　｛ジャガ jagahⱥ｝「場所」

यह　｛イェ yahⱥ｝「これ」（「ヤ」ではありません）

वजह　｛ワジャ vajahⱥ｝「理由」

3. 語中 の-हु- ｛-hu-｝は「ホ」に聞こえます。

बहुत ｛バホト bahuta｝「とても」

पहुँचना ｛パホンチナー pahũcanā｝「着く」

2. 長母音｛エー e｝が短母音「エ」と発音される場合

語中の -ह- の直前の長母音｛エー e｝が、長母音ではなく短母音になる場合があります。ほとんどがペルシヤ語（アラビア語を含む）からの借用語です。

65

एहसान ｛エヘサーン ehasāna｝「恩恵」

चेहरा ｛チェヘラー ceharā｝「顔」

बेहतर ｛ベヘタル behatara｝「よりよい」

मेहनत ｛メヘナト mehanata｝「努力」

मेहमान ｛メヘマーン mehamāna｝「客」

3. 長母音｛オー o｝が短母音「オ」と発音される場合

語中の -ह- の直前の長母音｛オー o｝が、長母音ではなく短母音になる場合があります。

66

कोहनी ｛コフニー kohanī｝「肘（ひじ）」

कोहरा ｛コフラー koharā｝「霧」

मोहर ｛モハル mohara｝「刻印、スタンプ」

मोहल्ला ｛モハッラー mohallā｝「地区」

上のように長母音｛ オー o ｝が短母音「オ」に発音される語の多くは、短母音｛ ウ u ｝と書かれまた発音されることがあります。たとえば、कुहनी（कोहनी）、कुहरा（कोहरा）、मुहर（मोहर）、मुहल्ला（मोहल्ला）などです。

4. 半母音字 य、र、ल、व の発音

1. 語中や語末の -य ｛-ya｝ は、軽く短母音「エ」に聞こえます。 67

कोयला ｛コーエラー kōyalā｝「石炭」

गाय ｛ガーエ gāya｝「牛」

चाय ｛チャーエ cāya｝「お茶」

फ़ायदा ｛ファーエダー fāyadā｝「利益」

शून्य ｛シューンニエ śūnya｝「ゼロ」(6. の「子音の二重化」参照)

समय ｛サマエ samaya｝「時間」

2. 語末の -यी と -ये は、それぞれ ई と ए の発音と同じです。つづりは両方可能ですが、前者は少し古風な印象を与えます。

आयी (आई) ｛アーイー āyī (āī)｝「(彼女が) 来た」

आये (आए) ｛アーエー āye (āe)｝「(彼らが) 来た」

नयी (नई) ｛ナイー nayī (naī)｝「新しい (女性形)」

नये (नए) ｛ナエー naye (nae)｝「新しい (男性・複数形)」

3. 語中や語末のつづり -ैया ｛-aiyā｝の｛ai｝の発音は通常の「アェー」(口を大きく開いた「エー」) ではなく、二重母音化して「アイ」となり、全体として｛アイヤー｝の発音になります。

गौरैया ｛ガォーライヤー gauraiyā｝「スズメ」

तैयारी ｛タイヤーリー taiyārī｝「準備」

4. 語中と語末の -व ｛-va｝ は、軽く短母音「オ」に聞こえます。

घाव ｛ガーオ g^hāva｝「傷口」

नाव　｛ナーオ nāva｝「舟」

संभावना　｛サンバーオナー saṃbʰāvanā｝「可能性」

5. 語末が -ाँव ｛-ãva｝ のつづりは「アーオン」の発音になります。

काँव　｛カーオン kãva｝「カー（カラスの鳴き声）」

गाँव　｛ガーオン gãva｝「村」

6. 語頭を除く子音連続で、2番目が半母音｛y, r, l, v｝の場合、直前の子音を二重にして（促音化して）発音される傾向があります。これらはほとんどが借用語です。

कन्या　｛kanyā｝「乙女」（「カニャー」よりも「カンニャー」）

यात्रा　｛yātrā｝「旅行」（「ヤートラー」よりも「ヤーットラー」）

विप्लव　｛viplava｝「騒乱」（「ヴィプラオ」よりも「ヴィップラオ」）

विद्वान　｛vidvāna｝「学者」（「ヴィドワーン」よりも「ヴィッドワーン」）

5. 例外的な発音

次の語は、例外的な発音をします。覚えてしまいましょう。　68

जन्म　｛ジャナム janma｝「誕生」（「ジャンム」ではなく、

जनम　｛ジャナム janama｝と同じ発音です）

वह　｛ヴォ vaha｝「彼、彼女、あれ」

व　｛オ va｝「そして」（←ペルシヤ語）

結合文字を使うつづりの多くは借用語です。本来のヒンディー語の語は、古いインド語派の言語に多く見られた子音連続がほとんどなくなり、つづりも発音も単純になっています。そのため借用語の「正しい」発音が苦手なインド人もいます。サンスクリット語からの借用語 जन्म を、जनम と書いてあるかのように、子音連続の間に短母音｛ア a｝を挿入して発音をするはこの一例です。ペルシア語からの借用語 गर्म ｛ガルム garma｝「暑い」の場合は、गरम ｛ガラム garama｝のように発音に合わせてつづりも単純化したものがむしろ多く使われます。これとは逆に、サンスクリット語からの借用語 नरक ｛ナラク naraka｝「地獄（奈落）」をわざわざ結合文字を含んだ、本来存在しないつづり नर्क ｛ナルク narka｝にして使用することもあります。サンスクリット語がこんな単純な発音やつづりではないはずだ、という意識からの「過剰修正（hypercorrection）」の例です。

第14課

कु० शीला　「（未婚の女性に対し）シーラー嬢」

クマーリー　シーラー

कुशीला　「身持ちの悪い（女）」

クシーラー

1. 数字

下は、アラビア数字（算用数字）の0から9までに対応したインド数字です。

0	1	2	3	4	5	6	7	8	9
०	१	२	३	४	५	६	७	८	९

0から9までの数字の書き順を下に示します

0　० शून्य　{シューンニエ śūnya}　69

1　१　एक　{エーク eka}

2　२　दो　｛ドー do｝

२　२　२

3　३　तीन　｛ティーン tīna｝

३　३　३

4　४　चार　｛チャール cāra｝

४　४　४

5　५　पाँच　｛パーンチ pãca｝

५　५　५

6　६　छह　｛チェ c^{h}aha｝（発音に注意してください；छः と書くこともあります）

६　६　६

7　७　सात　｛サート sāta｝

७　७　७

8 ८ आठ ｛アート āṭ^{h}a｝

9 ९ नौ ｛ナォー nau｝

0から100までの数詞は付録に載っています。参照してください。

よく知られているように、「ゼロ」はインドで生まれ、アラビア経由で、ヨーロッパに伝わりました。8世紀頃インドからアラビアに伝わった शून्य「ゼロ」は、アラビア語でsifr「スィフル」（「空（から）の意」）と翻訳されました。英語のzero「ゼロ」とcipher「暗号」は、いずれもこのsifrに起源があります。後になってこのsifrはインドにイスラム教文化と共に逆移入され、ヒンディー語でも सिफ़र ｛シファル sifara｝ の形で使われることがあります。

記号としてのゼロも、数の概念としてのゼロと共に伝播しました。したがって現在アラビア数字とよばれている0から9までの数字は、むしろインド数字と言ったほうが正確です。この数字をアラビア語では「インド数字」といいます。なお、現在のアラビア語で使用されている正真正銘の「アラビア数字」は、インド数字がアラビアで受容されて独自に変化したもので、見た目は私たちの知っている「アラビア数字」とかなり形が異なっています。

インドのゼロの記号は、最初、点（ビンドゥ記号）であらわしていたようです。後に日本語の句点のように小円 ० にとって代わられました。

2. 略語とその読み方

略語はヒンディー語の新聞・雑誌などでよく使用されます。しかし略語は、原則として、ヒンディー語の辞書の見出し語にはなっていません。そのため略語の意味を知らないと、文の理解に苦労することがあります。

ここでは、知っておくと便利な略語の作り方と略語の発音について説明します。（　）の中は省略前の元のつづりです。

1. 省略するつづりの最初の音節文字に、省略記号（インド数字のゼロ॰）を付けます。この規則はもっとも一般的です。英語と同じドットを付ける場合もあります。 70

उ॰ प्र॰（उत्तर प्रदेश）{ウッタル プラデーシュ uttara pradeśa}

「ウッタル・プラデーシュ州」

कु॰ शीला（कुमारी शीला）{クマーリー シーラー kumārī śīlā}

「シーラー嬢」

डॉ॰ राव（डॉक्टर राव）{ダークタル ラーオ ḍākṭara rāva}

「ラーオ博士」

प्रो॰ मिश्र（प्रोफ़ेसर मिश्र）{プローフェーサル ミシュル profesara miśra}「ミシュル教授」

発音は元のつづり通りです。कु॰ शीलाを、कुशीला {クシーラー kuśīlā}「身持ちの悪い（女）」などと読んではいけません。

2. 頭文字を使った英語の略語を借用した場合は、そのまま発音されます。

बी॰ ए॰ {ビー エー bī e}「文学士（B.A.）」

एम० ए० ｛エーム エー ema e｝「文学修士（M.A.）」

誤解の恐れがない場合は、省略記号を使用せずに、बीए や एमए のように一語として表記する場合もあります。टीवी ｛ティーヴィー ṭīvī｝「テレビ、TV」などは、むしろ一語として表記するのが普通です。

3. ２語以上の語句の場合、それぞれの語の先頭の音節文字だけを連結させ、一語のようにつづります。この省略記号を使用しない書き方は、最近よく目にします。省略つづりの発音に注意してください。発音が書いてないつづりは、元のつづりの発音です。

किमी（किलो मीटर）｛キローミータル kilo mīṭara

「キロメーター」

भाजपा ｛バージュパー b^{h}ājapā｝（भारतीय जनता पार्टी）

｛バールティーエ ジャンター パールティー b^{h}āratīya janatā pārṭī｝

「インド人民党」

रास（राज्य सभा）｛ラージェ サバー rājya sab^{h}ā｝

「（国会の）上院」

こうした省略つづりの変種に、「南アジア地域協力連合」SAARC（South Asian Association for Regional Cooperation）をあらわす दक्षेस などがあります。このような省略つづりは、初出の際、元のつづりも示してあるのが普通です。

दक्षेस ｛ダクシェース dakṣesa｝（दक्षिण एशियाई सहयोग संघ）

｛ダクシン エーシヤーイー サヘヨーグ サング dakṣiṇa eśiyāī sahayoga saṃg^{h}a｝

3. アルファベットの読み方

アルファベット26文字の読み方とそのつづりは下の通りです。英語の略語が元になっている借用語を解読するのに役立つでしょう。 71

A	ए	{エー e}	N	एन	{エーン ena}
B	बी	{ビー bī}	O	ओ	{オー o}
C	सी	{スィー sī}	P	पी	{ピー pī}
D	डी	{ディー ḍī}	Q	क्यू	{キュー kyū}
E	ई	{イー ī}	R	आर	{アール āra}
F	एफ़	{エフ efa}	S	एस	{エース esa}
G	जी	{ジー jī}	T	टी	{ティー ṭī}
H	एच	{エーチ eca}	U	यू	{ユー yū}
I	आई	{アーイー āī}	V	वी	{ヴィー vī}
J	जे	{ジェー je}	W	डब्ल्यू	{ダブリュー ḍablyū}
K	के	{ケー ke}	X	एक्स	{エークス eksa}
L	एल	{エール ela}	Y	वाई	{ワーイー vāī}
M	एम	{エーム ema}	Z	ज़ी	{ズィー zī}

第15課

कुकड़ूँ-कूँ　「コケコッコー」

ククルーン・クーン

मज़ा आया।　「あー楽しかった。」

マザー　アーヤー

デーヴァナーガリー文字の学習ももう終わりに近づきました。少し肩を楽にして、いろいろなつづりを読んでみましょう。

1. 動物の鳴き声

動物の名前とその鳴き声をヒンディー語で発音しましょう。鳴き声の日本語訳は自分で考えてみてください。 72

कबूतर {カブータル kabūtara}「(雄) ハト」

गुटरगूँ-गुटरगूँ {グタルグーン・グタルグーン guṭaragū̃-guṭaragū̃}

कुत्ता {クッター kuttā}「(雄) 犬」

भौं-भौं {バォーン・バォーン b^{h}a͠u -b^{h}a͠u}

कोयल {コーヤル koyala}「カッコー」

कुहू {クフー kuhū}

कौआ {カォーアー kauā}「カラス」

काँव-काँव {カーオン・カーオン kā̃va-kā̃va}

गधा {ガダー gad^{h}ā}「(雄) ロバ」

ढेंचू {デーンチュー ḍ^{h}ẽcū}

गाय ｛ガーエ gāya｝「牝牛（めうし）」

बाँ ｛バーン bā̃｝

गीदड़ ｛ギーダル gīdaṛa｝「(雄) ジャッカル」

हुआँ-हुआँ ｛フアーン・フアーン huā̃-huā̃｝

गौरैया ｛ガォーライヤー gauraiyā｝「(雌) スズメ」

चूँ-चूँ ｛チューン・チューン cū̃-cū̃｝

घोड़ा ｛ゴーラー g^{h}oṛā｝「(雄) 馬」

हीं-हीं ｛ヒーン・ヒーン hī̃-hī̃｝

झींगुर ｛ジーングル j^{h}ī̃gura｝「コオロギ」

झीं-झीं ｛ジーン・ジーン j^{h}ī̃-j^{h}ī̃｝

तीतर ｛ティータル tītara｝「ヤマウズラ」

ती-ती ｛ティー・ティー tī-tī｝

बंदर ｛バンダル baṃdara｝「(雄) 猿」

की-की ｛キー・キー kī-kī｝

बकरी ｛バクリー bakarī｝「(雌) ヤギ」

में-में ｛メーン・メーン mẽ-mẽ｝

बिल्ली ｛ビッリー billī｝「(雌) 猫」

म्याँऊँ ｛ミャーンウーン myā̃ū̃｝

मुर्ग़ा ｛ムルガー murğā｝「オンドリ」

कुकड़ूँ-कूँ ｛ククルーン・クーン kukaṛū̃-kū̃｝

मेंढक ｛メーンダク meṃḍ^{h}aka｝「(雄) カエル」

टर-टर ｛タル・タル ṭara-ṭara｝

मोर ｛モール mora｝「(雄) クジャク」

कू-कू ｛クー・クー kū-kū｝

2. よく聞くヒンディー語

簡単なヒンディー語の文を読んでみましょう。インド人が日常よく口にする表現ばかりです。文法は一切考える必要ありません。

平叙文の終了記号（ピリオド）は、英語と同じようにドットを使用する場合もありますが、伝統的には縦棒です。他の句読点は、英語と同じです。

73

क्या हुआ? ｛キャー　フアー kyā huā｝

「どうしたの？」何か変だと気づいたときの言葉。昔の流行歌に「（あなたの約束）どうなったの」というフレーズがありました。

चलेगा। ｛チャレーガー calegā｝

「何とかなるだろう。」「（これで）間に合うだろう、足りるだろう、通用するだろう」の意味です。

नहीं चलेगा। ｛ナヒーン　チャレーガー nahī̃ calegā｝

「どうにもならないよ。」「チャレーガー」の否定です。

देखा जाएगा। ｛デーカー　ジャーエーガー dek^{h}ā jāegā｝

「まあ様子を見よう。」こう言われても、あまり期待してはだめですよ。

बस बस। ｛バス　バス basa basa｝

「もう結構、もう結構。」乗り物の「バス」と同じつづり同じ発音ですが、この場合は間投詞です。もうお腹がいっぱいなのに、さらに食事をすすめられたときにとっておきの言葉です。

मज़ा आया। ｛マザー アーヤー mazā āyā｝

「あ一楽しかった。」「あ一おいしかった」の意味もあります。

ठीक है। ｛ティーク ハェー ṭ^{h}īka hai｝

「OKです。」了解したときの言葉です。

पक्का? ｛パッカー pakkā｝

「（約束どおり）大丈夫だろうね？」念をおすときの言葉です。

आपकी कृपा है। ｛アープキー クリパー ハェー āpakī kr̥pā hai｝

「おかげさまです。」日本語と同じように使います。つまり実際に世話になっていなくても、とりあえず言うと場がなごみます。

यह आपका घर है।

｛イェ アープカー ガル ハェー yaha āpakā g^{h}ara hai｝

文字どおりには「これはあなたの家です。」「（ご自分の家だと思い）遠慮せずにくつろいでお泊まりください」の意味で使います。「家」の代わりにいろいろなものが入ります。

なぜこんな音の連続がそういう意味になるのだろう、と思ったあなたはもうヒンディー語の世界に漕(こ)ぎ出しています。身につけた文字と発音という道具は、あなたの言葉の旅を楽しく実りあるものにしてくれるでしょう。

付録

❶ 用語リスト

本書に使用された文字に関するインドの伝統用語は、以下の通りです。カタカナ表記は、サンスクリット語読みです。本書の関連する箇所を（⇒）の中に示してあります。

アヴァグラハ अवग्रह ｛avagraha｝（⇒第12課 3）

ヴィサルガ विसर्ग ｛visarga｝（⇒第12課 2）

シローレーカー शिरोरेखा ｛śirorekhā｝（⇒第1課 3）

チャンドラ चंद्र ｛caṃdra｝（⇒第12課 1）

チャンドラ・ビンドゥ चंद्र बिंदु ｛caṃdra biṃdu｝（⇒第9課 1）

デーヴァナーガリー देवनागरी ｛devanāgarī｝

（⇒「デーヴァナーガリー文字について」）

ヌクター नुक़्ता ｛nuqtā｝（⇒第8課 1）

ハル हल् ｛hal｝（⇒第10課 1）

ビンドゥ बिंदु ｛biṃdu｝（⇒第9課 1、2）

マートラー मात्रा ｛mātrā｝（⇒第6課 1）

レーパ रेफ ｛repʰa｝（⇒第10課 2）

2 文字のまとめ

デーヴァナーガリー文字の読み方を、伝統的な配列（辞書の見出し語の配列）にしたがって、まとめてあります。発音やつづりに関して、本書の中で、参照してほしい箇所を（⇒）の中で示してあります。

鼻子音記号を使用したつづりは、直後の（　）の中で結合文字を使用したつづりも表記してあります（⇒第10課 5）。

母音字と母音記号の発音

母音字の後に、任意の子音字（◌）に付く母音記号を示してあります。例には、鼻母音化記号（⇒第9課 1）やチャンドラ記号（⇒第12課 1）のついた単語も含めてあります。

74~79

v01 अ ◌	｛ア a｝	अभी ｛アビー ab^{h}ī｝「ちょうど今」、 अँगरेज़ ｛アングレーズ āgarezạ｝「英国人」、 कला ｛カラー kalā｝「芸術」、 सँवारी ｛サンワーリー sāvārī｝ 「飾られた（女性形）」
	｛エ a｝ （⇒第13課 1）	कहना ｛ケヘナー kahạnā｝「言う」、 पहनना ｛ペヘンナー pahanạnā｝「着る」
	｛ạ｝ （⇒第7課 2、第10課 7）	तसवीर ｛タスヴィール tasạvīrạ｝ 「写真、絵」
v02 आ ◌ा	｛アー ā｝	आशा ｛アーシャー āśā｝「期待」、 पाँच ｛パーンチ pācạ｝「5」

v02 आ ◌ा	｛オ ā｝ (⇒第12課 1)	ऑफ़िस ｛オフィス āfisa｝「オフィス」、 कॉफ़ी ｛コフィー kāfī｝「コーヒー」
v03 इ ◌ि	｛イ i｝	इमारत ｛イマーラト imārata｝「建物」、 किसान ｛キサーン kisāna｝「農民」、 सिंचाई ｛スィンチャーイー sīcāī｝「灌漑（かんがい）」
v04 ई ◌ी	｛イー ī｝	ईख ｛イーク īk^{h}a｝「サトウキビ」、 कई ｛カイー kaī｝「いくつかの」、 सवारी ｛サワーリー savārī｝「乗り物」、 आईं ｛アーイーン āī̃｝「(彼女たちが) 来た」
v05 उ ◌ु	｛ウ u｝	उँगली ｛ウングリー ũgalī｝「指」
	｛オ u｝ (⇒第13課 1)	बहुत ｛バホト bahuta｝「とても」、 पहुँचना ｛パホンチナー pahũcanā｝「着く」
v06 ऊ ◌ू	｛ウー ū｝	ताऊ ｛ターウー tāū｝「叔父（父の兄）」、 लू ｛ルー lū｝「熱風」、 लूँ ｛ルーン lū̃｝「(私が) 取りましょうか」
v07 ऋ ◌ृ	｛リ r̥｝	ऋण ｛リン r̥ṇa｝「負債」、 ऋतु ｛リトゥ r̥tu｝「季節」、 कृपा ｛クリパー kr̥pā｝「恩恵」
v08 ॠ ◌ॄ	｛リー r̥̄｝	
v09 ए ◌े	｛エー e｝	एक ｛エーク eka｝「1」、 आएँ ｛アーエーン āẽ｝「(彼らが) 来るなら」
	｛エ e｝ (⇒第13課 2)	मेहमान ｛メヘマーン mehamāna｝「客」

v10 ऐ ◌ै	｛アエー ai｝	ऐनक ｛アェーナク ainaka｝「眼鏡」、 है ｛ハェー hai｝「(彼が) いる」、 हैं ｛ハェーン ha͠i｝「(彼らが) いる」
	｛アイ ai｝ (⇒第13課 4)	गौरैया ｛ガォーライヤー gauraiyā｝「スズメ」、 तैयारी ｛タイヤーリー taiyārī｝「準備」
v11 ओ ◌ो	｛オー o｝	ओछा ｛オーチャー oc^{h}ā｝「浅はかな」、 माताओं ｛マーターオーン mātāõ｝ 「母たち (後置格)」
	｛オ o｝ (⇒第13課 3)	मोहर ｛モハル mohara｝「刻印、スタンプ」
v12 औ ◌ौ	｛アォー au｝	औज़ार ｛アォーザール auzāra｝「道具」、 जौ ｛ジャォー jau｝「大麦」

子音字の発音

各子音字の後に、半子音字があるものは示してあります。

80~88

c01 क क्	｛カ ka｝	काई ｛カーイー kāī｝「苔(こけ)」、 केला ｛ケーラー kelā｝「バナナ」、 अवाक् ｛アワーク avāk｝「呆然(ぼうぜん)と声もなく」、 क्या ｛キャー kyā｝「何」、 क्रिया ｛クリヤー kriyā｝「動詞」、 सूक्ष्म ｛スークシュム sūkṣma｝「微妙な」、 अक्सर ｛アクサル aksara｝「しばしば」

c01’ क़ क़	｛カ qa｝	क़द ｛カド qada｝「身長」、 इलाक़ा ｛イラーカー ilāqā｝「地域」、 हक़ ｛ハク haqa｝「権利」
c02 ख ख	｛カ k^{h}a｝	खजूर ｛カジュール k^{h}ajūra｝「ナツメヤシ」、 खाई ｛カーイー k^{h}āī｝「溝（みぞ）」、 ख्याति ｛キャーティ k^{h}yāti｝「名声」
c02’ ख़ ख़	｛ハ xa｝	ख़बर ｛ハバル xabara｝「ニュース」、 ख़ास ｛ハース xāsa｝「特別な」、 तारीख़ ｛ターリーフ tārīxa｝「日付」
c03 ग ग	｛ガ ga｝	गाजर ｛ガージャル gājara｝「ニンジン」、 आग ｛アーグ āga｝「火」、 अग्नि ｛アグニ agni｝「火」、 ग्रंथ ｛グラント graṃtha｝「書物」、 डिग्री ｛ディグリー ḍigrī｝「学位」
c03’ ग़ ग़	｛ガ ğa｝	ग़रीब ｛ガリーブ ğarība｝「貧しい」、 शलग़म ｛シャルガム śalağama｝「カブ」、 दिमाग़ ｛ディマーグ dimāğa｝「頭脳」
c04 घ घ	｛ガ g^{h}a｝	घड़ी ｛ガリー g^{h}aṛī｝「時計」、 संघ ｛サング saṃg^{h}a｝「組合」、 विघ्न ｛ヴィグン vig^{h}na｝「障害」
c05 ङ	｛ンガ ṅa｝	गंगा（गङ्गा）｛ガンガー gaṃgā｝ 「ガンジス河」、 कंघी（कङ्घी）｛カンギー kaṃg^{h}ī｝「櫛（くし）」

c06 च च	｛チャ ca｝	चमेली ｛チャメーリー camelī｝「ジャスミン」、 चाचा ｛チャーチャー cācā｝「叔父（父の弟）」、 अच्छा ｛アッチャー acc^{h}ā｝「良い」
c07 छ	｛チャ c^{h}a｝	वांछित（वाञ्छित）｛ワーンチト vāṃc^{h}ita｝ 「要望された」
c08 ज ज	｛ジャ ja｝	जौ ｛ジャォー jau｝「大麦」、 राजा ｛ラージャー rājā｝「王」、 आज ｛アージ āja｝「今日」、 ज्वालामुखी ｛ジュワーラームキー jvālāmuk^{h}ī｝「火山」
	｛ギャ jñā｝ （⇒第10課 4）	ज्ञान ｛ギャーン jñāna｝「知識」 （｛ジュナャーン｝とならないように）
c08' ज़ ज़	｛ザ za｝	ज़मीन ｛ザミーン zamīna｝「土地」、 हज़ार ｛ハザール hazāra｝「千」、 आवाज़ ｛アーワーズ āvāza｝「声」
c09 झ	｛ジャ j^{h}a｝	झाग ｛ジャーグ j^{h}āga｝「泡」、 झाड़ू ｛ジャールー j^{h}āṛū｝「ほうき」
c10 ञ ञ	｛ニャ ña｝	अंचल（अञ्चल）｛アンチャル aṃcala｝ 「（サリーなどの）すそ」、 पंजाबी（पञ्जाबी）｛パンジャービー paṃjābī｝ 「パンジャービー語」
c11 ट	｛タ ṭa｝	टाई ｛ターイー ṭāī｝「ネクタイ（tie）」、 आटा ｛アーター āṭā｝「小麦の全粒粉（ぜんりゅうふん）」、 खाट ｛カート k^{h}āṭa｝「簡易ベッド」、

c11 ट	｛タ ṭa｝	विराट् ｛ヴィラート virāṭ｝「壮大な」、 खट्टा ｛カッター k^{h}aṭṭā｝「酸っぱい」
c12 ठ	｛タ ṭ^{h}a｝	ठक ｛タク ṭ^{h}aka｝「トン（擬音）」、 आठ ｛アート āṭ^{h}a｝「8」
c13 ड	｛ダ ḍa｝	डाक ｛ダーク ḍāka｝「郵便」、 अड्डा ｛アッダー aḍḍā｝「基地」、 ड्रामा ｛ドラーマー ḍrāmā｝「ドラマ」
c13' ड़	｛ラ ṛa｝	आड़ू ｛アールー āṛū｝「桃」、 पेड़ ｛ペール peṛa｝「木」
c14 ढ	｛ダ ḍ^{h}a｝	ढाई ｛ダーイー ḍ^{h}āī｝「2と1/2」、 ढाल ｛ダール ḍ^{h}āla｝「盾（たて）」
c14' ढ़	｛ラ ṛ^{h}a｝	बढ़ई ｛バライー baṛ^{h}aī｝「大工」、 बाढ़ ｛バール bāṛ^{h}a｝「洪水」
c15 ण ण	｛ナ ṇa｝	ऋण ｛リン r̥ṇa｝「負債」、 अंडा（अण्डा）｛アンダー aṃḍā｝「卵」、 अक्षुण्ण ｛アクシュンヌ akṣuṇṇa｝ 「完全無欠な」
c16 त त	｛タ ta｝	तिल ｛ティル tila｝「ゴマ」、 जगत् ｛ジャガト jagat｝「世界」、 त्याग ｛ティヤーグ tyāga｝「放棄」、 क्षेत्र ｛クシェートル kṣetra｝「分野」、 अतः ｛アタハ ataḥ｝「したがって」
c17 थ थ	｛タ t^{h}a｝	थाना ｛ターナー t^{h}ānā｝「警察署」、 हाथ ｛ハート hāt^{h}a｝「手」

c18 द	｛ダ da｝	दादा ｛ダーダー dādā｝「(父方の) 祖父」、 आदत ｛アーダト ādata｝「習慣」、 बुद्धि ｛ブッディ budd^{h}i｝「知性」、 द्वार ｛ドゥワール dvāra｝「ドア」
c19 ध ध	｛ダ d^{h}a｝	धागा ｛ダーガー d^{h}āgā｝「糸」、 आधा ｛アーダー ād^{h}ā｝「半分の」、 ध्यान ｛ディヤーン d^{h}yāna｝「注目」
c20 न न	｛ナ na｝	नाक ｛ナーク nāka｝「鼻」、 नाना ｛ナーナー nānā｝「(母方の) 祖父」、 बलवान् ｛バルワーン balavān｝「強力な」、 अंत（अन्त）｛アント aṃta｝「最後」、 हिंदी（हिन्दी）｛ヒンディー hiṃdī｝ 「ヒンディー語」、 केंद्र（केन्द्र）｛ケーンドル keṃdra｝「中央」、 सन्नाटा ｛サンナーター sannāṭā｝「静寂」、 इंसान（इन्सान）｛インサーン iṃsāna｝ 「人間」
c21 प प	｛パ pa｝	पता ｛パター patā｝「住所」、 पानी ｛パーニー pānī｝「水」、 पाप ｛パープ pāpa｝「罪」、 प्यास ｛ピャース pyāsa｝「渇き」、 प्रेम ｛プレーム prema｝「愛」
c22 फ फ	｛パ p^{h}a｝	फल ｛パル p^{h}ala｝「果物」、 फाटक ｛パータク p^{h}āṭaka｝「門」、 कफ ｛カプ kap^{h}a｝「疾（たん）」

c22' फ़ फ़	{ファ fa}	फ़ोटो {フォートー foṭo}「写真」、 फ़ौज {ファォージ fauja}「軍隊」、 तरफ़ {タラフ tarafa}「方角」、 फ़्यूज़ {フューズ fyūza}「ヒューズ」
c23 ब ब	{バ ba}	बादाम {バーダーム bādāma}「アーモンド」、 नीबू {ニーブー nībū}「ライム」、 कब {カブ kaba}「いつ」、 शब्द {シャブド śabda}「語」、 ब्रा {ブラー brā}「ブラ（ジャー）」
c24 भ भ	{バ b^ha}	भाई {バーイー b^hāī}「兄弟」、 गोभी {ゴービー gob^{h}ī}「カリフラワー」、 आरंभ {アーランブ āraṃb^{h}a}「開始」
c25 म म	{マ ma}	माता {マーター mātā}「母」、 मामा {マーマー māmā}「（母方の）叔父」、 नाम {ナーム nāma}「名前」、 कंप्यूटर（कम्प्यूटर）{カンピュータル kaṃpyūṭara}「コンピュータ」、 मुंबई（मुम्बई）{ムンバイー muṃbaī}「ムンバイ（旧ボンベイ）」
c26 य य	{ヤ ya}	या {ヤー yā}「あるいは」、 नारियल {ナーリヤル nāriyala}「ココナツ」、 शय्या {シャイヤー śayyā}「寝台」
	{エ ya} （⇒第13課 4）	कोयला {コーエラー koyalā}「石炭」、 गाय {ガーエ gāya}「牛」、 चाय {チャーエ cāya}「お茶」、 समय {サマエ samaya}「時間」

c26 य ्य	｛エー ye｝ (⇒第13課 4)	नये ｛ナエー naye｝「新しい（男性・複数形）」
	(⇒第13課 4)	कन्या ｛カンニャー kanyā｝「乙女」
c27 र र्‍	｛ラ ra｝	रात ｛ラート rāta｝「夜」、 चार ｛チャール cāra｝「4」、 गर्म ｛ガルム garma｝「暑い」、 कुर्सी ｛クルスィー kursī｝「椅子」
	(⇒第13課 4)	यात्रा ｛ヤーットラー yātrā｝「旅行」
c28 ल ल्	｛ラ la｝	लाल ｛ラール lāla｝「赤い」、 पालक ｛パーラク pālaka｝「ホウレンソウ」、 बिल्कुल ｛ビルクル bilkula｝「まったく」
	(⇒第13課 4)	विप्लव ｛ヴィップラオ viplava｝「騒乱」
c29 व ्व	｛ヴァ va｝	व्यापार ｛ヴィヤーパール vyāpāra｝「商売」
	｛ワー vā｝	वादा ｛ワーダー vādā｝「約束」、 सवारी ｛サワーリー savārī｝「乗り物」
	｛オ va｝ (⇒第13課 4)	घाव ｛ガーオ g^hāva｝「傷口」、 नाव ｛ナーオ nāva｝「小舟」
	(⇒第13課 5)	व ｛オ va｝「そして」
	｛アーオン ā̃va｝ (⇒第13課 4)	काँव ｛カーオン kā̃va｝「カー（カラス鳴きの声）」、 गाँव ｛ガーオン gā̃va｝「村」

c29 व व	(⇒第13課 4)	विद्वान् ｛ヴィッドワーン vidvān｝「学者」
c30 श श	｛シャ śa｝	शाम ｛シャーム śāma｝「夕方」、 आशा ｛アーシャー āśā｝「期待」、 आकाश ｛アーカーシュ ākāśa｝「天空」、 श्रद्धा ｛シュラッダー śradd^{h}ā｝「信仰」、 क्रमशः ｛クラムシャハ kramaśaḥ｝「順番に」
c31 ष ष	｛シャ ṣa｝	भाषा ｛バーシャー b^{h}āṣā｝「言語」、 राष्ट्र ｛ラーシュトル rāṣṭra｝「国家」、 कृष्ण ｛クリシュン kr̥ṣṇa｝「クリシュナ神」
c32 स स	｛サ sa｝	सब ｛サブ saba｝「全部」、 सेब ｛セーブ seba｝「リンゴ」、 असर ｛アサル asara｝「効果」、 बस ｛バス basa｝「バス」、 स्नान ｛スナーン snāna｝「沐浴」、 नमस्कार ｛ナマスカール namaskāra｝「こんにちは」、 स्क्रू ｛スクルー skrū｝「スクリュー」、 स्त्री ｛ストリー strī｝「女」、 स्रोत ｛スロート srota｝「源泉」、 तस्वीर ｛タスヴィール tasvīra｝「絵」
c33 ह	｛ハ ha｝	हरा ｛ハラー harā｝「緑色の」、 हाथ ｛ハート hāt^{h}a｝「手」
	｛ha｝ (⇒第13課 1)	जगह ｛ジャガ jagaha｝「場所」、 यह ｛イエ yaha｝「これ」

3 数詞

89~99

0（शून्य）から100（सौ）までの数詞を下に示します。

	−1	+0	+1	+2	+3
+0		शून्य	एक	दो	तीन
+10	नौ	दस	ग्यारह	बारह	तेरह
+20	उन्नीस	बीस	इक्कीस	बाईस	तेईस
+30	उनतीस	तीस	इकतीस	बत्तीस	तैंतीस
+40	उनतालीस	चालीस	इकतालीस	बयालीस	तैंतालीस
+50	उनचास	पचास	इक्यावन	बावन	तिरपन
+60	उनसठ	साठ	इकसठ	बासठ	तिरसठ
+70	उनहत्तर	सत्तर	इकहत्तर	बहत्तर	तिहत्तर
+80	उनासी	अस्सी	इक्यासी	बयासी	तिरासी
+90	नवासी	नब्बे	इक्यानवे	बानवे	तिरानवे
+100	निन्यानवे	सौ			

ヒンディー語の11から99までの数詞は、基本的には、一の桁を表す部分と十の桁を表す部分から成っています。

上の表は、左から右に向かって横に一の桁が、上から下に向かって縦に十の桁が増えています。横（一の桁）と縦（十の桁）が交わったところがその数詞です。数詞を表す語の前半（一の桁）と後半（十の桁）が、それぞれ縦と横でほぼ共通の形をしていることを確認してください。

+4	+5	+6	+7	+8
चार	पाँच	छह	सात	आठ
चौदह	पंद्रह	सोलह	सत्रह	अठारह
चौबीस	पच्चीस	छब्बीस	सत्ताईस	अट्ठाईस
चौंतीस	पैंतीस	छत्तीस	सैंतीस	अड़तीस
चवालीस	पैंतालीस	छियालीस	सैंतालीस	अड़तालीस
चौवन	पचपन	छप्पन	सत्तावन	अट्ठावन
चौंसठ	पैंसठ	छियासठ	सड़सठ	अड़सठ
चौहत्तर	पचहत्तर	छिहत्तर	सतहत्तर	अठहत्तर
चौरासी	पचासी	छियासी	सतासी	अठासी
चौरानवे	पचानवे	छियानवे	सत्तानवे	अट्ठानवे

例 **इकतीस** (31) = **इक** (1) + **तीस** (30)

इकसठ (61) = **इक** (1) + **सठ** (60)

ただし、一の桁が 9 の場合は次の数から1引いて表します。

例 **उनतीस** (29) = **उन** (−1) + **तीस** (30)

उनसठ (59) = **उन** (−1) + **सठ** (60)

4 結合文字表

半子音字を使用する結合文字（⇒第10課 3）

क् + य = क्य {キャ kya}　　ण् + ड = ण्ड {ンダ ṇḍa}

ब् + द = ब्द {ブダ bda}　　म् + ब = म्ब {ムバ mba}

レーパを使う結合文字（⇒p.81）

र् + क = र्क {ルカ rka}　　र् + म = र्म {ルマ rma}

2番目の子音 {ra} がの場合の結合文字（⇒第10課 4）

ग् + र = ग्र {グラ gra}　　प् + र = प्र {プラ pra}

ट् + र = ट्र {トゥラ ṭra}　　क् + र = क्र {クラ kra}

त् + र = त्र {トゥラ tra}　　श् + र = श्र {シュラ śra}

縦につながる結合文字（⇒第10課 4）

ङ् + ग = ङ्ग {ンガ ṅga}　　ड् + ड = ड्ड {ッダ ḍḍa}

द् + ध = द्ध {ッダ ddʰa}　　द् + व = द्व {ドヴァ dva}

例外的な結合文字（⇒第10課 4）

क् + ष = क्ष {クシャ kṣa}　　ज् + ञ = ज्ञ {ギャ jña}

（{ジュニャ}とならないように）

क् + त = क्त {クタ kta}　　त् + त = त्त {ッタ tta}

そのほかの結合文字（本文の説明では省略）

द् + म = द्म {ドゥマ dma}　　द् + य = द्य {ディヤ dya}

ह् + म = ह्म {フマ hma}　　ह् + य = ह्य {ヒヤ hya}

3つ以上の子音連続を表す結合文字（⇒第10課 6）

म् + प् + य = म्प्य ｛ムピャ mpya｝

न् + द् + र = न्द्र ｛ンドゥラ ndr｝

स् + त् + र = स्त्र ｛ストラ stra｝

क् + ष् + म = क्ष्म ｛クシュマ kṣma｝

5 辞書における見出し語の配列順

1. 音節文字単位で考えます。

2. 母音字が、子音字（結合文字を含む）に優先します。

अ, आ, इ, … ओ, औ, क, का, कि, … ह, हा, हि, …

3. 鼻母音が非鼻母音に優先します。鼻子音をあらわすビンドゥ記号は、鼻母音化記号に準じるとみなします。

अंग, अँगड़ाई, अंश, … अकड, अखाड़ा
हंस, हँसना, … हक़, हद

サンスクリット語の辞書では、ビンドゥ記号で書いてあっても結合文字に直せるものは結合文字と解釈してその位置に配列されます。たとえば अंग は अङ्ग とみなされ अङ の後にきます。

4. 結合文字は非結合文字の後にきます。

जौ, ज्ञान, ज्यों, ज्योतिष, … झगड़ा, झाड़ू

5. 子音字に付加されているヌクターの有無は、優先順位に直接関係ありません。ヌクターの有無のみで違う語は、ヌクターの無いものが優先します。

खाना, ख़ाना

6 手書きの文字

本書で説明してきた手書きのデーヴァナーガリー文字は、万年筆、ボールペン、エンピツなど普通の筆記用具で書く場合を想定しています。しかし読者の中には、活字と手書き文字が細部においてやや違っていることや、太さが一定な手書き文字の線に対して太さに変化のある活字の線が気になる方もいると思います。
ここでは、伝統的な筆記用具で書く文字の書き方について簡単に説明します。かつての活版印刷や現在のコンピュータによる表示・印刷に使用されている標準的な活字（フォント）の字形は、この伝統的な手書き文字が基になっています。

専門の画材屋さんで入手できる葦ペンが、伝統的な筆記用具に近いものです。葦ペンのペン先を左上から右下に向かって約 45° の角度で斜めに切断します。書くときは、紙の面に対してペン軸をおおよそ 45° の角度に保ちます。その際、約 45° の角度で切断したペン先の断面がすべて紙に触れる向きにします。このペン軸の向きと角度を維持したまま腕を動かして文字を書きます。このようにして書くと、ペンが進む方向によって線の幅が変わります。右上から左下に向かう線の幅は最大（ペン先の断面の幅）になり、左上から右下に向かう線の幅は最小（ペン先の断面の厚み）になります。円のような曲線を書くと線の幅が最大から最小に滑らかに変っていきます。

なお、カリグラフィーペンなどでも工夫すると同じような効果がえられます。

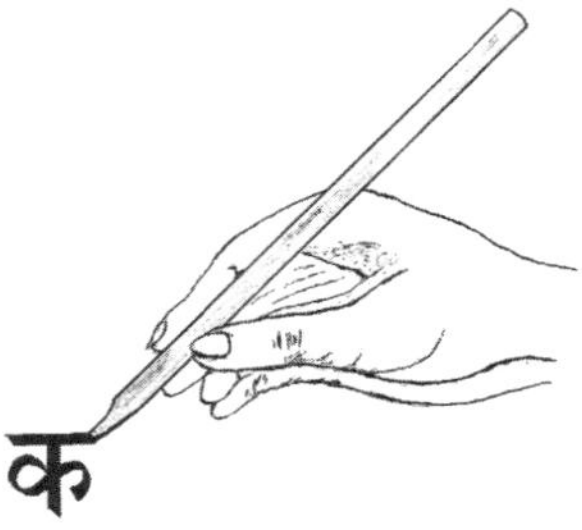

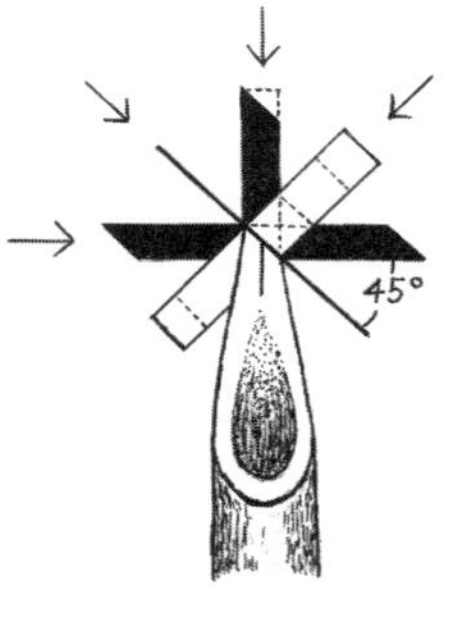

7 練習問題の解答

練習問題7-2

1 {カ ka}　2 {カク kaka̸}　3 {カカク kakaka̸}

4 {カクカク kaka̸kaka̸}　5 {カカクカク kakaka̸kaka̸}

練習問題10-5

1 अङ्गूर　2 अञ्चल　3 अञ्जीर　4 अण्डा　5 अन्तर

6 कङ्घी　7 कन्धा　8 कुञ्जी　9 कुण्ठा　10 ग्रन्थ

11 घण्टा　12 झञ्झट　13 नम्बर　14 परम्परा　15 वाञ्छित

16 शङ्का　17 सम्भव　18 सुन्दर

練習問題10-7

1 अरसा　2 तसवीर　3 गरदन　4 परदा　5 गिरजा

6 कारबन　7 पारसर

練習問題11-1a

1 योकोहामा　2 चिबा　3 कोफ़ु　4 ओसाका　5 शिज़ुओका

6 अओमोरि　7 अकिता　8 नीगाता　9 कगोशिमा　10 कोचि

練習問題11-1b

1 तेंकि（तेङ्कि）　2 हंगाकु（हङ्गाकु）　3 संचि（सञ्चि）

4 कंजि（कञ्जि）　5 हंताइ（हन्ताइ）　6 सेंदाइ（सेन्दाइ）

7 बन्नान्　8 संपो（सम्पो）　9 हंबाइ（हम्बाइ）
10 शिम्माइ

練習問題11-1c

1 क्यो　2 तोक्यो　3 क्योतो　4 संग्यो　5 ग्यूनिकु
6 ग्योजि　7 शून्यू　8 ब्योकि　9 बिम्यो　10 ह्यकु
11 चोकान्　12 शकुहाचि　13 ह्योजो　14 र्यूको（रियूको）
15 र्योको（रियोको）

練習問題11-1d

1 गक्को　2 केक्कान्　3 हच्चाकु　4 शुच्चो　5 नत्तोकु
6 बेद्दो　7 बप्पोन्　8 हप्प्यो　9 बुप्पो　10 हस्साइ

練習問題11-1e

1 वताशिवा, गक्कोदे, निहोंगोओ, बेंक्योशिते, इमासु।
2 कोतोशिवा, ज़ेहि, इंदोए, इकिताइ।
3 फ़ुजिसान्नि, नोबोत्ताकोतोगा, अरिमासुका?
4 एगोतो, हिंदीगोवा, दोचिरागा, मुज़ुकाशीदेसुका?
5 अनोएगाओ, मोइचिदो, मिताइने।

著者紹介
町田和彦（まちだ　かずひこ）
東京外国語大学名誉教授。専門はインド言語学、文字情報学。
編著書：『ヒンディー語・日本語辞典』『デイリー 日本語・ヒンディー語・英語辞典』（三省堂）、『世界の文字を楽しむ小事典』（大修館書店）、『図説 世界の文字とことば』（河出書房新社）、『ニューエクスプレスプラス ヒンディー語』（白水社）など多数。

書いて覚えるヒンディー語の文字［改訂新版］

2023年 1月15日　印刷
2023年 2月 5日　発行

著　者 © 町　田　和　彦
発行者　岩　堀　雅　己
印刷所　開成印刷株式会社

発行所　101-0052 東京都千代田区神田小川町 3 の 24
電話 03-3291-7811（営業部），7821（編集部）
www.hakusuisha.co.jp
株式会社　白水社

乱丁・落丁本は送料小社負担にてお取り替えいたします。

振替 00190-5-33228　Printed in Japan　誠製本株式会社

ISBN978-4-560-08960-6

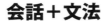

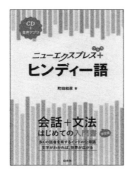